AF525616

IMPRESSUM

Math. Lempertz GmbH
Hauptstraße 354
53639 Königswinter
Tel.: 02223 / 90 00 36
Fax: 02223 / 90 00 38
info@edition-lempertz.de
www.edition-lempertz.de

Dieses Kochbuch wurde nach bestem Wissen und Gewissen verfasst. Weder der Verlag noch der Autor tragen die Verantwortung für ungewollte Reaktionen oder Beeinträchtigungen, die aus der Verarbeitung der Zutaten entstehen.
Der Markenname „Thermomix" ist rechtlich geschützt und wird nur als Bestandteil der Rezepte verwendet. Für Schäden, die bei der Zubereitung der Gerichte an Personen oder Küchengeräten entstehen, wird keine Haftung übernommen.
Bitte beachte die Anwendungshinweise der Gebrauchsanweisung deines Thermomixgerätes.

www.facebook.com/MIXtippRezepte

Titelbild: Adobe Stock: agneskantaruk
Umschlagrückseite: © Adobe Stock: Mayovskyy, © StockFood / Parissi, Lucy
Lektorat: Annemarie Ulrich
Layout/Satz: Kerstin Pfeiffer
Druck und Bindung: Belvédère Print & Packaging BV,
www.TheArtOfMakingBooks.de

ISBN: 978-3-96058-339-4

Dieses Buch wurde klimaneutral gedruckt.

Fotos:
© Adobe Stock: siankoo, Dirk, Alik Mulikov, Kati Finell, tiglat, Alexi Tauzin, Yana Alisovna, victoria p., nikavera, dudlajzov, Friedberg, Elisabeth Coelfen, Subodh, ZYTA.eM, Horváth Botond, Grigory Bruev, Forenius, Ekaterina Pokrovsky, Nikolay N. Antonov, Kevin Cho, Phimak, Morozov Alexey, Adam, Roman Babakin, Alexander Erdbeer, szczepank, Allan, freeskyline, in_dies_magis, Mari79, FomaA, Lars Johansson, by-studio, Elenglush, umike_foto, Olga Gorchichko, kichigin19, valeriyap, Lsantilli, annems, dimbar76, rolf_52, kristoffer83, maxthewildcat, Christian Jung, Shchipkova Elena, Petrova-Apostolova, Dagmar Richardt, muehle, TobiasW, spass, rainbow33, viktorinka, pvl0707, nesavinov, Tartila, RuslanKphoto, Lisa Payr, Юлия Коченкова, fkruger, Ichizu, irina2511, tycoon101, mie, murziknata, anna_shepulova, uckyo, agneskantaruk, Ildi, Roland Magnusson, Elina, Tarabalu, Angela, FoxglovesAndStocking, JazzaInDigi, Joanna Parkinson, marcin jucha, Corinna Gissemann, stefanholm, jarvna, Sanga, viairevi, anetlanda, k2photostudio, Sergii Figurnyi, Medeya
© StockFood: Pepe Nilsson, Anke Schütz, Great Stock!, Per Magnus Persson, Susanna Rosén
© Annemarie Ulrich

ANNEMARIE ULRICH

Skandinavische Küche

KOCHEN MIT DEM THERMOMIX®

LEMPERTZ

Inhalt

Suppen

Herzhaftes

Gebäck

Süßes

Brot

Liebe Thermomixfreunde,

Hej und willkommen in Skandinavien! Besser gesagt, in der kulinarischen Welt Skandinaviens. In diesem Buch erwartet euch eine Reise durch die Rezeptwelt der nordischen Länder Dänemark, Schweden, Norwegen und Finnland.

Die skandinavische Küche zeichnet sich im Wesentlichen durch ihre Naturverbundenheit und Einfachheit aus. Man kocht mit dem, was in der heimischen Region vorrätig ist. Durch die Vielfalt der skandinavischen Landschaften sind daher unterschiedliche Gerichte für die Länder typisch, es gibt aber auch viele Gemeinsamkeiten. In Dänemark ist die Nähe zum Meer und auch die Nähe zu Deutschland in den Rezepten zu spüren: Heringssalat, Rote Grütze und Æblekage (Apfeldessert) sind nur einige Beispiele. In Schweden sind durch die vielen Wälder neben Fisch auch Rezepte mit Wild, Pilzen und Beeren sehr verbreitet. Blaubeersuppe, gefüllte Kartoffelklöße oder Köttbullar sind einige klassische Gerichte. In Norwegen sind vor allem Fisch und Meeresfrüchte beliebt: Krabbensuppe, gebeizter Lachs und Trollkrem sind typisch norwegisch. Der finnischen Küche merkt man an, dass sie auf der einen Seite an Schweden, auf der anderen Seite an Russland grenzt: Typisch für Finnland sind unter anderem karelische Piroggen, Lachssuppe und Blaubeertarte.

Die skandinavischen Länder haben gemeinsam, dass sie es gerne zuckrig mögen und sich zu gemütlichen Kaffeepausen am Tag gerne etwas Süßes gönnen: Zimtschnecken, Skoleboller oder Chokladbollar sind nur einige Beispiele für die süße Vielfalt Skandinaviens! Begebt euch also nun auf die Reise und entdeckt die kulinarische Vielfalt!

Wir wünschen euch viel Freude beim Nachkochen!

Antje Watermann

Herausgeberin, Edition Lempertz

Skandinavische Küche

Skandinavien – lange Zeit standen die nordischen Länder entweder für düstere Krimis oder für die bunte Welt von Astrid Lindgren. In den letzten Jahren sind die skandinavischen Länder als Reiseziel immer beliebter geworden und das skandinavische Lebensgefühl, das sich in den Begriffen *hygge* oder *lagom* widerspiegelt, ist auch in aller Munde, da die Skandinavier als das glücklichste Volk der Welt gelten. Auch ich habe mich in die Sprachen, in die Kultur und in jedes einzelne Land verliebt! Wenn ich Sehnsucht nach Skandinavien habe, stille ich diese Sehnsucht, indem ich in meinen zahlreichen Kochbüchern stöbere und skandinavische Rezepte koche. Ein eigenes Kochbuch über Skandinavien zu schreiben, war immer schon ein toller Gedanke und ich habe mich riesig gefreut, ihn jetzt in die Tat umsetzen zu dürfen! Das fertige Buch haltet ihr nun in den Händen. Doch was macht die skandinavische Küche aus? Ich gebe euch einen kleinen Einstieg.

Was zeichnet die skandinavische Küche aus?

Die skandinavische Küche zeichnet vor allem ihre Bodenständigkeit aus. Die Skandinavier orientieren sich schon seit Generationen an den Zutaten, die sie um sich herum in Wald und Seen finden. Ware aus anderen Ländern zu importieren, ist teuer und gerade auf dem Land sind die Supermärkte rar gesät. Also kocht man vor allem mit regionalen und saisonalen Produkten. Im Sommer stehen Beeren aller Art, die man in den Wäldern pflücken kann, hoch im Kurs. Milch und Eierspeisen sind vertreten und deftige Hausmannskost kommt auch nie zu kurz.

Einzig und allein zwei exotische Gewürze sind in Skandinavien fest verankert – fast fester als in ihren Herkunftsländern. Das eine Gewürz ist Kardamom – mir gänzlich unbekannt, bevor ich es in Schweden kennenlernte. In skandinavischen Gebäcken wie Zimtschnecken, wird Kardamom verwendet. Wenn ich dessen Geruch in der Nase habe, muss ich immer sofort an Skandinavien denken, kein anderes Gewürz ist so präsent in der skandinavischen Backwelt. Warum und wann genau der Kardamom in Skandinavien so beliebt wurde, ist nicht überliefert. Ein anderes Gewürz, welches ich auf diese Weise vorher noch nicht verwendet habe, ist Safran. Eingeführt durch die Hanse, erfreute sich Safran schnell sehr großer Beliebtheit, besonders durch die goldgelbe Farbe! Sobald es Winter wird in Skandinavien, beginnen vor allem die Schweden unter jedes Backwerk Safran zu mischen. Einfach, weil die Sehnsucht nach Licht so groß ist und die goldgelb leuchtenden Gebäcke diese Sehnsucht ein wenig stillen können! Auch der Geschmack von Safran in süßen Hefeteilchen ist für mich ein typisch skandinavischer Geschmack, der einfach zur Kultur gehört und mich sofort in Weihnachtsstimmung versetzt.

Begebt euch mit mir auf eine kulinarische Reise durch Skandinavien

Die skandinavische Reise in diesem Buch entführt euch in die kulinarische Welt der Länder Dänemark, Schweden, Norwegen und Finnland. Ihr werdet sehen, die Länder sind sich kulinarisch sehr ähnlich. Es gibt viele Rezepte, die alle Skandinavier kennen – nur unter anderem Namen und vielleicht leicht abgewandelt. Zimtschnecken sind so ein typisches Beispiel: Schwedenurlauber halten sie für typisch schwedisch, Dänemarkurlauber für typisch dänisch usw. Das kann man bei vielen Rezepten so fortführen! Aber es gibt auch Rezepte, die nur typisch für *ein* Land sind. Mein Ziel war es, in diesem Buch Klassiker, die auch ihr vom Namen her bestimmt kennt, und eher unbekannte, regional typische Rezepte zu vereinen. Ich habe vor allem darauf geachtet, dass die Rezepte mit den Produkten, die wir im heimischen Supermarkt finden, einfach nachzukochen sind.
Die skandinavische Küche ist für mich totale Wohlfühlküche! Ich finde, man merkt den Gerichten an, dass sie z.B. dafür gedacht sind, das Wunderbare eines kurzen Sommers einzufangen oder bei kaltem, grauem Wetter ein wohliges Gefühl zu schaffen. Die Jahreszeiten sind extremer als bei uns, die Natur ursprünglicher und die Leute leben viel verstreuter und einsamer mitten in der Natur – da merkt man, dass die Skandinavier es zu schätzen wissen, was Wohlfühlküche bedeutet. Essen macht glücklich, bestimmt auch ein Geheimnis, warum die Skandinavier so glücklich sind! Ich hoffe, dass euch auch so ein wohliges Gefühl erreicht, wenn ihr die Rezepte in diesem Buch nachkocht!
Zu jedem Rezept habe ich einen kleinen Text geschrieben, um euch mehr zu diesem Gericht zu erzählen. Ich kann nur noch sagen, macht euch ran an den Mixtopf und taucht ein in die skandinavische Küche!

Smaklig måltid!

Ein paar skandinavische Vokabeln, die ihr bei eurer nächsten Reise anwenden könnt:

	Dänisch	Norwegisch	Schwedisch	Finnisch
Hallo!	Hej!	Hei!	Hej!	Hei!
Auf Wiedersehen	Vi ses!	På gjensyn!	Hejdå!	Heippa!
Dankeschön	Tak	Takk	Tack	Kiitos
Prost!	Skål!	Skål!	Skål!	Kippis!
Entschuldigung	Undskyld	Unnskyld	Ursäkta	Anteeksi
Ich heiße …	Jeg hedder …	Jeg heter …	Jag heter …	Minun nimeni on …
Ich hätte gerne …	Jeg ville gerne have …	Jeg vil gjerne ha …	Jag skulle vilja ha …	Haluaisin …
Was kostet …?	Hvad koster …?	Hva koster …?	Vad kostar …?	Mitä maksaa …?
Zahlen bitte!	Kan jeg betale?	Kan vi betale?	Notan, tack!	Haluaisin maksaa!
Ich spreche kein Dänisch/ Norwegisch/ Schwedisch/ Finnisch	Nej, jeg taler ikke dansk.	Jeg snakker ikke norsk.	Jag talar ingen svenska.	En puhu suomea.
Guten Appetit!	God appetit	Vel bekomme!	Smaklig måltid!	Hyvää ruokahalua!
Können Sie mir helfen?	Kan du hjælpe mig?	Kan du hjelpe mig?	Kan du hjälpa mig?	Voitko auttaa minua?

Suppen

„Er mochte Suppe, und man hörte es, wenn er sie aß. „Musst du so schlürfen?“, fragte seine Mama. „Sonst weiß man doch nicht, dass es Suppe ist“, sagte Michel.“

(aus Michel in der Suppenschüssel, Astrid Lindgren)

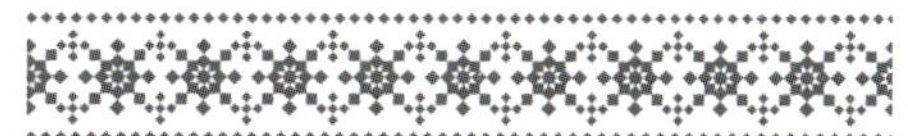

mixtipp

Achte unbedingt darauf, dass du Schälerbsen verwendest. Andere getrocknete Erbsen müssen vor dem Kochen 12 Stunden in Wasser eingeweicht werden. Das ist bei den Schälerbsen nicht nötig.

Erbsensuppe

Ärtsoppa

Donnerstag=Erbsensuppentag! Ob in Finnland, Schweden oder Dänemark, an diesem Tag der Woche bieten jede Kantine und viele Haushalte Erbsensuppe an. Das ist wohl schon seit dem Mittelalter so. Laut Überlieferung wurde im katholischen Mittelalter am Donnerstag reichhaltige Erbsensuppe gegessen, da der Freitag Fastentag war.

Zutaten

1 Zwiebel, in groben Stücken
1 Möhre, geschält, in groben Stücken
300 g Kassler, in kleinen Stücken
30 g Butter
400 g gelbe Schälerbsen
½ TL Thymian, getrocknet
½ TL Majoran, getrocknet
1500 g Fleischbrühe
1 Lorbeerblatt
2 Stück Nelken
Salz, nach Belieben
Pfeffer, nach Belieben
Süßer Senf, grobkörnig, zum Servieren
Petersilie zum Garnieren

1. Schäle als Erstes Zwiebel und Möhre und schneide beides in grobe Stücke. Gib die Stücke in den Mixtopf und zerkleinere sie 5 Sekunden/ Stufe 5. Schiebe die Reste mit dem Spatel nach unten. Füge Kassler und Butter hinzu und dünste die Zutaten 2 Minuten/ Varoma/ Linkslauf/ Stufe 2.
2. Nun gibst du Erbsen, Thymian und Majoran hinzu und befüllst den Mixtopf mit der Fleischbrühe. Lege das Lorbeerblatt und die Nelken ins Garkörbchen und hänge es in den Mixtopf ein. Gare die Suppe 70 Minuten/ 100°C/ Linkslauf/ Stufe 2. Prüfe zwischendurch, ob noch genügend Brühe im Mixtopf ist, und fülle gegebenenfalls etwas Brühe nach.
3. Entferne nach der Garzeit das Garkörbchen und füge, wenn nötig, nochmal Brühe hinzu, bis die Erbsensuppe die gewünschte Konsistenz hat. Schmecke die Suppe mit Salz und Pfeffer ab und serviere sie. Reiche den Senf zu der Suppe dazu und garniere sie nach Belieben mit etwas Petersilie.

mixtipp

Wenn du es lieber stückiger magst, kannst du die Möhren auch in Scheiben schneiden und nicht mit der Zwiebel zerkleinern, sondern erst danach zu der Suppe dazugeben.

Finnische Lachssuppe

Lohikeitto

Diese Suppe ist ein absoluter Klassiker in Finnland.

 4 Portionen  leicht  30 Min.

Zutaten

1 Stange Porree, geputzt, in groben Stücken
1 Möhre, geschält, in groben Stücken
400 g Kartoffeln, mehligkochend, geschält, in Würfeln
20 g Öl
1000 g Fischfond
1 TL Salz
1 Prise Pfeffer
1 Lorbeerblatt
400 g Lachsfilet, frisch oder TK (dann über Nacht im Kühlschrank aufgetaut), in Würfeln
250 g Sahne
½ Bund Dill, gewaschen

1. Putze den Porree, schäle die Möhre und schneide beides in grobe Stücke. Schäle die Kartoffeln und schneide sie in Würfel. Gib Porree- und Möhrenstücke in den Mixtopf und zerkleinere die Zutaten 5 Sekunden/ Stufe 5. Schiebe die Reste mit dem Spatel nach unten. Füge das Öl hinzu und dünste die Zutaten 2 Minuten/ Varoma/ Stufe 1.

2. Nun gibst du die Kartoffelwürfel, den Fischfond, das Salz und den Pfeffer in den Mixtopf dazu. Gib das Lorbeerblatt ins Garkörbchen und hänge das Garkörbchen in den Mixtopf ein. Koche die Suppe 17 Minuten/ 100°C/ Linkslauf/ Sanftrührstufe.

3. Wasche den Lachs, entferne gegebenenfalls die Haut und schneide ihn in Würfel. Nach der Kochzeit entfernst du das Garkörbchen vorsichtig mithilfe des Spatels und entsorgst das Lorbeerblatt. Gib Sahne und Lachswürfel in den Mixtopf dazu und gare die Zutaten weitere 4 Minuten/ 80°C/ Linkslauf/ Stufe 1. Bestreue die Suppe mit Dill und serviere sie.

mixtipp
Wenn du keine Stückchen magst, siebe die fertige Suppe durch das Garkörbchen ab.

Schwedische Blaubeersuppe

Blåbärssoppa

Ich habe diese Suppe in Schweden als fertig abgepacktes Produkt kennen und lieben gelernt. Zuhause musste ich sie direkt selbst ausprobieren und war begeistert, denn frisch gekocht schmeckt die Suppe noch viel besser als gekauft. Außerdem ist sie blitzschnell gekocht. Eine Sommererinnerung an Schweden.

Zutaten

500 g Blaubeeren, frisch, verlesen
1000 g Wasser
120 g Zucker
1 Prise Zimt
1 EL Speisestärke mit etwas Wasser verrührt

Wasche und verlese die Blaubeeren. Lege eine Handvoll Blaubeeren zur Seite. Gib die restlichen Blaubeeren mit Wasser, Zucker, Zimt und angerührter Speisestärke in den Mixtopf und koche die Zutaten 20 Minuten/ 100°C/ Stufe 2. Lass die Suppe vor dem Servieren ein wenig auskühlen. Sie schmeckt sowohl warm als auch kalt. Rühre die beiseitegelegten, frischen Blaubeeren vor dem Servieren unter die Suppe.

Norwegische Krabbensuppe

Krabbesuppe

Zutaten

1 Bund Suppengemüse, in groben Stücken
20 g Olivenöl
500 g Wasser
25 g Krebsbutter
300 g Fischfond
2 TL Currypulver
250 g Sahne
Salz, nach Belieben
Cayennepfeffer, nach Belieben
5 g Zitronensaft
250 g Krabben, geschält
50 g Cognac

1. Wasche und putze das Suppengemüse und schneide es in grobe Stücke. Gib das Suppengemüse in den Mixtopf und zerkleinere es 5 Sekunden/ Stufe 5. Schiebe die Stücke mit dem Spatel nach unten. Gib das Olivenöl dazu und dünste das Gemüse 2 Minuten/ Varoma/ Stufe 1 an.

2. Lösche die Mischung mit Wasser ab und lass die Suppe 30 Minuten/ 100°C/ Linkslauf/ Stufe 1 kochen. Füge Krebsbutter, Fischfond, Curry, Sahne, Salz, Cayennepfeffer und Zitronensaft hinzu und koche die Suppe weitere 5 Minuten/ 100°C/ Stufe 1.

3. Gib die geschälten Krabben in den Mixtopf dazu und lass sie 10 Minuten in der heißen Suppe ziehen. Schmecke die Suppe mit Cognac ab und serviere sie. Dazu passt Baguette.

Upp

Herzhaftes

Warte nicht darauf, dass die Menschen dich anlächeln … Zeige ihnen, wie es geht!

Pippi Langstrumpf, Astrid Lindgren

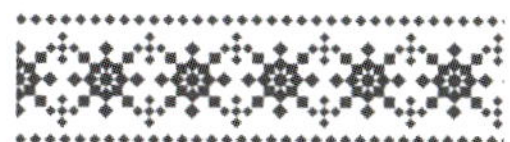

mixtipp
Für dieses Gericht kannst du auch sehr gut gekochte Kartoffeln vom Vortag verwenden.

Schwedisches Wurstgulasch

Svensk pølseret

Auch wenn der Name es anders vermuten lässt (wörtl. übersetzt: schwedisches Wurstgericht), ist das Gericht in Schweden völlig unbekannt, dafür ein dänischer Klassiker. Es soll wohl bei einer Klassenfahrt von Dänen in Schweden entstanden sein. Für das Gericht haben sie wohl schwedische Würstchen verwendet und dadurch ist der Name entstanden. Mittlerweile verwenden die Dänen für das Gericht aber Wiener Würstchen.

Zutaten

700 g Kartoffeln, festkochend
500 g Wasser
1 TL Salz
1 Zwiebel, geschält, halbiert
25 g Butter
6 Wiener Würstchen, in Scheiben
3 TL Paprikapulver, edelsüß
150 g Milch
100 g Sahne
1 TL Salz
Pfeffer, nach Belieben
70 g Tomatenmark
Petersilie, gehackt, zum Bestreuen

1. Gib die Kartoffeln ins Garkörbchen. Fülle Wasser und Salz in den Mixtopf und hänge das Garkörbchen ein. Verschließe den Mixtopf und gare die Kartoffeln 25 Minuten/ Varoma/ Stufe 1.

2. Nimm nach der Garzeit das Garkörbchen mithilfe des Spatels vorsichtig aus dem Mixtopf heraus und gieße das Wasser ab. Schrecke die Kartoffeln unter kaltem Wasser ab, pelle sie und schneide sie in grobe Stücke.

3. Schäle und halbiere die Zwiebel und gib sie in den Mixtopf. Zerkleinere die Zwiebel 5 Sekunden/ Stufe 5. Schiebe die Reste mit dem Spatel nach unten. Gib die Butter dazu und dünste die Zwiebelstückchen 2 Minuten/ Varoma/ Stufe 1 an.

4. Schneide die Würstchen in Scheiben. Gib Würstchenscheiben und Paprikapulver in den Mixtopf dazu. Dünste die Zutaten weitere 2 Minuten/ Varoma/ Linkslauf/ Stufe 1.

5. Nun gibst du Milch, Sahne, Salz, Pfeffer und Tomatenmark dazu und garst die Zutaten 7 Minuten/ 100°C/ Linkslauf/ Stufe 2.

6. Füge nach der Garzeit die Kartoffeln hinzu und rühre sie 3 Minuten/ 80°C/ Linkslauf/ Stufe 1 unter. Schmecke das Würstchengulasch mit Salz und Pfeffer ab, verteile es auf Teller und serviere es mit Petersilie bestreut.

Schwedischer Weißkohlauflauf

Kålpudding

Kohlrouladen, ein Klassiker der deutschen Küche, ist auch in Schweden ein traditionelles Gericht. Hier kennt man das Gericht aber nicht in Rouladenform, sondern als Auflauf. Sehr viel einfacher und schneller gemacht und genauso lecker!

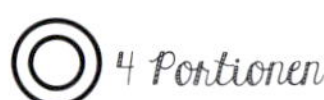

Zutaten

Utensilien:
Auflaufform

1000 g Weißkohl
30 g neutrales Öl + für die Form
3 EL heller Sirup, z.B. von Grafschafter
2 TL Salz
Pfeffer, schwarz, nach Belieben
1 Zwiebel, halbiert
60 g Möhren, geschält, in groben Stücken
500 g Hackfleisch, gemischt
1 Ei, Größe M
2 EL Sojasauce, dunkel
300 g Sahne
2 EL Rinderfond
600 g Wasser
600 g Kartoffeln, festkochend, geschält, in Stücken
½ EL Speisestärke, mit etwas Wasser verrührt
1 EL Cognac

1. Putze als Erstes den Kohl. Dafür schneidest du den Strunk ab und entfernst die äußeren Blätter. Wasche die restlichen Kohlblätter gründlich. Heize den Ofen auf 200°C Umluft vor.

2. Gib 500 g Kohl in den Mixtopf und zerkleinere ihn 10 Sekunden/ Stufe 3. Fülle den Kohl anschließend in eine separate Schüssel um. Gib die restlichen 500 g Kohl in den Mixtopf und zerkleinere auch diese 10 Sekunden/ Stufe 3. Schiebe die Reste mit dem Spatel nach unten. Füge 15 g Öl hinzu und dünste den Kohl 3 Minuten/ Varoma/ Stufe 1 an. Fülle den Kohl in eine separate Schüssel um.

3. Gib die restlichen 500 g Kohl wieder in den Mixtopf mit 15 g Öl und dünste auch diese 3 Minuten/ Varoma/ Stufe 1 an. Gib den Kohl in die Schüssel zum anderen bereits gedünsteten. Füge 2 EL Sirup, 1 TL Salz und Pfeffer hinzu und vermische die Zutaten mit dem Spatel. Reinige den Mixtopf.

4. Schäle und halbiere die Zwiebel. Schäle die Möhren und schneide sie in grobe Stücke. Zerkleinere Zwiebel und Möhren im Mixtopf 5 Sekunden/ Stufe 5. Schiebe die Reste mit dem Spatel nach unten. Füge Hackfleisch, Ei, Sojasauce, 100 g Sahne, 1 EL Fond, 1 EL hellen Sirup, ½ TL Salz und Pfeffer hinzu und vermische die Zutaten 2 Minuten/ Teigknetstufe.

5. Streiche die Auflaufform mit Öl aus. Verteile zunächst eine Schicht Kohl in der Form, darauf eine Schicht Hackfleisch, bis alles aufgebraucht ist. Schließe mit einer Schicht Kohl ab. Backe den Kohlauflauf im vorgeheizten Ofen 40 Minuten/ 200°C Umluft. Währenddessen bereitest du Kartoffeln und Sauce zu.

6. Reinige den Mixtopf. Schäle die Kartoffeln und schneide sie in Stücke. Gib 500 g Wasser und ½ TL Salz in den Mixtopf. Verteile die Kartoffeln im Garkörbchen und hänge das Garkörbchen in den Mixtopf ein. Gare die Kartoffeln 25 Minuten/ Varoma/ Stufe 1.

7. Nach der Garzeit hängst du das Garkörbchen mit den Kartoffeln vorsichtig aus dem Mixtopf aus und hältst die Kartoffeln warm. Gieße das Wasser aus dem Mixtopf.

8. Für die Sauce gibst du 200 g Sahne, 100 g Wasser, angerührte Speisestärke, 1 EL Fond und Cognac in den Mixtopf und kochst die Sauce 10 Minuten/ 80°C/ Stufe 1.

9. Serviere den Kohlauflauf mit Kartoffeln und Sauce.

mixtipp

Du kannst statt Kartoffeln auch Brot dazu reichen.

mixtipp
Dazu passen Pommes frites oder Kartoffelpüree, sowie Wildpreiselbeeren.

Schwedische Fleischklößchen

Köttbullar

Lillebror: „Fleischklöße, kleine gute Fleischklöße, ess ich sehr gerne.“
(Karlsson vom Dach, Astrid Lindgren)

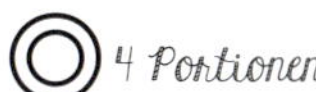
4 Portionen

leicht

25 Min. + 10 Min. Quellzeit

Zutaten

6 EL Semmelbrösel
170 g Milch
2 Zwiebeln, halbiert
600 g Hackfleisch, gemischt
1 Ei, Größe M
Salz, nach Belieben
Pfeffer, nach Belieben
Öl zum Braten
50 g Butter
1 EL Mehl
200 g Sahne
300 g Fleischbrühe
Dill zum Bestreuen

1. Weiche zunächst die Semmelbrösel in der Milch ein und lass die Mischung 10 Minuten quellen.
2. Schäle und halbiere in der Zwischenzeit die Zwiebeln und gib 1 Zwiebel in den Mixtopf. Zerkleinere die Zwiebeln 5 Sekunden/ Stufe 5. Schiebe die Reste mit dem Spatel nach unten. Gib Hackfleisch, Ei, Salz, Pfeffer und die Semmelbröselmischung in den Mixtopf dazu und vermische die Zutaten 1 Minute/ Teigknetstufe.
3. Forme aus der Hackfleischmasse mit feuchten Händen Bällchen und reinige den Mixtopf.
4. Erhitze Öl in einer Pfanne und brate darin die Fleischbällchen rundherum goldbraun an. Stelle die Bällchen nach dem Braten warm.
5. Gib nun die zweite Zwiebel in den Mixtopf und zerkleinere sie 5 Sekunden/ Stufe 5. Schiebe die Stücke mit dem Spatel nach unten. Gib Butter dazu und dünste die Zwiebelstücke 2 Minuten/ Varoma/ Stufe 1 an. Füge das Mehl hinzu und verrühre die Zutaten weitere 2 Minuten/ Varoma/ Stufe 1.
6. Gib Sahne, Brühe, Salz und Pfeffer dazu und püriere die Sauce 10 Sekunden/ Stufe 8. Lass die Sauce anschließend 10 Minuten/ 90°C/ Stufe 1 köcheln.
7. Serviere die Köttbullar mit der Sauce und bestreue sie mit Dill.

mixtipp
Wenn du magst, kannst du
noch 1 TL rosa Pfefferbeeren
über den Auflauf streuen. Das
wird in Finnland häufig
so gemacht.

Finnischer Lachsauflauf

Lohilaatikko

Während der Produktion dieses Buches bin ich auf das Rezept gestoßen und wollte es sofort mit aufnehmen. Ein toller Auflauf für die ganze Familie, der satt und glücklich macht.

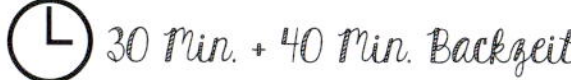

Zutaten

Utensilien:
Auflaufform

650 g kleine Kartoffeln, festkochend
500 g Wasser
2 TL Salz
3 Eier, Größe M
100 g Milch
200 g Sahne
Pfeffer, nach Belieben
1 Zwiebel, halbiert
20 g neutrales Öl
500 g Lachsfilet, frisch oder TK (dann aufgetaut), in Würfeln
100 g Räucherlachs, in Streifen
1 TL Dill, frisch
Fett für die Form

1. Wasche zunächst die Kartoffeln gründlich. Fülle Wasser und 1 TL Salz in den Mixtopf. Gib die Kartoffeln ins Garkörbchen und hänge es in den Mixtopf ein. Dünste die Kartoffeln 25 Minuten/ Varoma/ Stufe 1.
2. Nimm das Garkörbchen nach der Garzeit mithilfe des Spatels vorsichtig heraus und leere den Mixtopf. Schrecke die Kartoffeln unter kaltem Wasser ab und lass sie ein wenig abkühlen. Anschließend pellst du die Kartoffeln und schneidest sie in Scheiben. Gib die Kartoffelscheiben in eine gefettete Auflaufform.
3. Heize den Backofen auf 170°C Umluft vor.
4. Gib Eier, Milch, Sahne, 1 TL Salz und Pfeffer in den Mixtopf und verrühre die Mischung 10 Sekunden/ Stufe 3. Fülle die Eiermischung um und reinige den Mixtopf.
5. Schäle und halbiere die Zwiebel. Gib die Zwiebel in den Mixtopf und zerkleinere sie 5 Sekunden/ Stufe 5. Schiebe die Reste mit dem Spatel nach unten. Füge Öl hinzu und dünste die Zwiebel 2 Minuten/ Varoma/ Stufe 2.
6. Wasche das Lachsfilet, entferne, wenn nötig, die Haut, tupfe es trocken und schneide es in Würfel. Schneide den Räucherlachs in Streifen.
7. Gib den gesamten Lachs, die gedünstete Zwiebel und Dill in die Auflaufform zu den Kartoffeln und vermische die Zutaten. Gieße den Eierguss darüber.
8. Backe den Auflauf im vorgeheizten Ofen 40 Minuten/ 170°C Umluft.

mixtipp

Ich mag besonders die Variante mit Quark und Räucherlachs. Du kannst dazu aber auch Wildpreiselbeeren und 300 g ausgelassenen Bacon servieren. So wird es auch sehr gerne in Schweden serviert.

Raggmunk

Raggmunk ist die schwedische Antwort auf unsere deutschen Kartoffelpuffer. Sie sind etwas fester von der Konsistenz und werden in größeren Portionen ausgebacken.

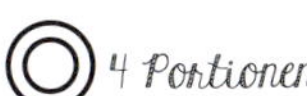

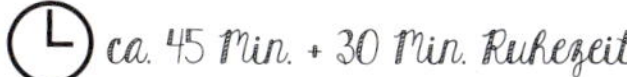

Zutaten

200 g Süßkartoffeln, geschält, in groben Stücken
600 g Kartoffeln, festkochend, geschält, in groben Stücken
280 g Milch
100 g Weizenmehl, Type 450
2 TL Salz
1 Ei, Größe M
Butter zum Braten

Für den Quark:
½ Bund Schnittlauch
1 Bund Dill
½ Bund Petersilie, glatt
1 Zwiebel, halbiert
1 Knoblauchzehe
250 g Quark
120 g Crème fraîche
1 TL Salz
Pfeffer, nach Belieben

300 g Räucherlachs

1. Schäle und wasche Süßkartoffeln und Kartoffeln. Schneide beides in grobe Stücke und gib diese in den Mixtopf. Zerkleinere sie 10 Sekunden/ Stufe 5. Schiebe die Stücke mit dem Spatel nach unten.

2. Füge Milch, Mehl, Salz, und Ei in den Mixtopf hinzu und vermenge die Zutaten 40 Sekunden/ Teigknetstufe. Lass den Teig in einer separaten Schüssel 30 Minuten ruhen. Reinige den Mixtopf.

3. In der Zwischenzeit kannst du den Quark zubereiten. Dafür wäschst du Schnittlauch, Dill und Petersilie und schälst und halbierst die Zwiebel. Gib alle drei Kräuter, Zwiebelhälften und Knoblauch in den gereinigten Mixtopf und zerkleinere die Zutaten 5 Sekunden/ Stufe 5. Wiederhole die Einstellung eventuell. Schiebe die Reste mit dem Spatel nach unten.

4. Gib Quark, Crème fraîche, Salz und Pfeffer hinzu und verrühre die Mischung 30 Sekunden/ Stufe 3.

5. Erhitze Butter in einer Pfanne und gib eine Kelle Kartoffelteig in die heiße Pfanne. Backe den Pfannkuchen von jeder Seite auf mittlerer Hitze ca. 4 Minuten, bis er goldbraun ist. Gehe mit dem restlichen Teig genauso vor und halte die fertigen Pfannkuchen im Ofen warm.

6. Serviere die Pfannkuchen mit Quark und Räucherlachs.

mixtipp
Der eingelegte Hering passt gut zu Pellkartoffeln oder auf Brot.

Eingelegter Hering nach skandinavischer Art

Inlagd sill

Ob zu Weihnachten, Mittsommer oder Ostern: eingelegter Hering findet sich auf jedem festlichen skandinavischen Buffet.

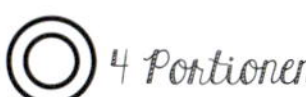

Zutaten

Utensilien:
1 Einmachglas, sterilisiert

4 Salzheringsfilets
100 g Weißweinessig
90 g Zucker
200 g Wasser
6 Pfefferkörner, schwarz
3 Stück Nelken
1 Lorbeerblatt
1 TL Senfkörner, gelb
2 Zwiebeln, rot, in Ringen
1 Dillzweig

1. Wässere die Salzheringe in einer Schale mit Wasser für 12 Stunden. Wechsele dabei zwischendurch das Wasser. Lass die Heringe anschließend abtropfen, entgräte sie und schneide sie in mundgerechte Stücke.

2. Gib Essig, Zucker und Wasser in den Mixtopf. Gib Pfefferkörner, Nelken, Lorbeerblatt und Senfkörner dazu und koche die Zutaten 7 Minuten/ 100°C/ Linkslauf/ Sanftrührstufe. Lass den Sud anschließend abkühlen.

3. Schäle die Zwiebeln und schneide sie in Ringe. Schichte die Heringsfiletstücke, Zwiebeln und Dill in das Einmachglas. Gib den Sud mit den Gewürzen über den Fisch.

4. Verschließe das Glas ordentlich und stelle es kalt. Lass die Heringe in dem Glas 1 Woche ziehen, bevor du sie servierst.

Gebeizter Lachs mit Senfsauce

Gravlax

Gravad lax ist überall in Skandinavien bekannt und bedeutet ursprünglich „eingegrabener Lachs“. Schon im Mittelalter hat man sich die Technik zu Nutze gemacht, frisch gefangenen Lachs mit Salz und weiteren vorhandenen Kräutern und Gewürzen einzureiben und für 2–3 Tage in einem Erdloch zu vergraben. So konnte man die Haltbarkeit des Lachses deutlich verlängern. Heute wird der Lachs nicht mehr vergraben, dafür aber im Kühlschrank gebeizt.

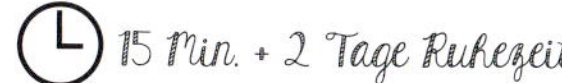

Zutaten

Utensilien:
Frischhaltefolie
2 Bretter

40 g Salz
40 g Zucker
1 EL Pfeffer, weiß
300 g Dill, frisch
1000 g frisches Lachsfilet mit Haut, ohne Gräten

Für die Senfsauce:
50 g Dill, frisch
40 g Senf, mittelscharf
20 g Dijonsenf
1 EL Weißweinessig
1 EL brauner Zucker
1 TL Salz
Pfeffer, nach Belieben
200 g Olivenöl

1. Gib Salz, Zucker, Pfeffer und Dill in den Mixtopf und vermische die Zutaten 10 Sekunden/ Stufe 8.
2. Spüle das Lachsfilet ab und tupfe es trocken. Reibe den Lachs mit der Mischung aus dem Mixtopf gut ein. Wickele den Lachs in Frischhaltefolie und lege ihn auf ein Brett. Beschwere den Lachs mit einem weiteren Brett. Beize den Lachs 2 Tage im Kühlschrank.
3. Wende den Lachs dabei einmal am Tag und gieße die sich sammelnde Flüssigkeit ab.
4. Für die Senfsauce gibst du den Dill in den Mixtopf und zerkleinerst ihn 10 Sekunden/ Stufe 8. Schiebe die Reste mit dem Spatel nach unten. Füge beide Senfsorten, Essig, Zucker, Salz und Pfeffer hinzu und verrühre die Sauce 3 Minuten/ Stufe 2. Lass dabei das Öl langsam durch die Deckelöffnung in den Mixtopf fließen.
5. Nimm den Lachs aus dem Kühlschrank. Wickele ihn aus der Frischhaltefolie und streife die Beize ab. Nicht waschen. Dabei kann ruhig noch etwas von der Beize am Fisch haften bleiben. Schneide den Lachs in dünne Scheiben und serviere ihn mit der Senfsauce.

mixtipp

Dazu passt Rote Beete oder auch Gewürzgürkchen.

Kartoffelpüree mit Zwiebeln und Speck

Brændende kærlighed

Brændende kærlighed (Brennende Liebe) ist ein klassisches dänisches Gericht. Den Namen soll das Gericht erhalten haben, weil es gerade bei frisch verliebten Pärchen, die keine Zeit zum Kochen haben, sehr beliebt ist.

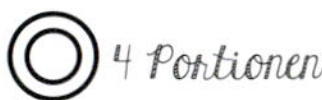

Zutaten

2 Zwiebeln, halbiert
1000 g Kartoffeln, mehligkochend, geschält, in groben Stücken
60 g Butter, weich
300 g Milch
5 g Salz
1 Prise Muskatnuss
400 g Speck, in Würfeln

1. Schäle und halbiere die Zwiebeln. Gib die Zwiebeln in den Mixtopf und zerkleinere sie 5 Sekunden/ Stufe 5. Fülle die zerkleinerten Zwiebeln in ein Schälchen um.
2. Schäle die Kartoffeln und schneide sie in grobe Stücke. Setze den Schmetterling in den Mixtopf ein und gib Kartoffeln, Butter, Milch, Salz und Muskatnuss dazu. Koche das Kartoffelpüree 28 Minuten/ 90°C/ Stufe 1.
3. Erhitze in der Zwischenzeit eine Pfanne ohne Fett und brate darin die Speckwürfel und die Zwiebeln an. Lass den angebratenen Speck auf einem Küchentuch abtropfen.
4. Nach der Garzeit entfernst du den Schmetterling und pürierst die Kartoffelmasse 30 Sekunden/ Stufe 3.
5. Richte das fertige Kartoffelpüree mit Speck und Zwiebeln an.

Fliegender Jakob

Flygande Jacob

Dieses Gericht ist seit 1976 ein echter Klassiker in Schweden. Es tauchte als Erstes in der schwedischen Zeitschrift „Allt om Mat" auf. Ein Redakteur der Zeitschrift hatte das Rezept von Ove Jacobsson bekommen. Da dieser beruflich mit Frachtflugzeugen zu tun hatte, nannte er das Rezept Flygande Jacob (Fliegender Jakob).

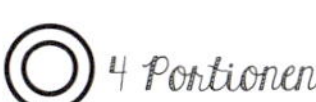

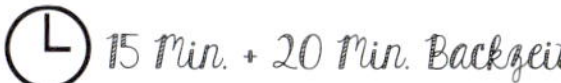

Zutaten

Utensilien:
Auflaufform

300 g Sahne
100 g Chiliketchup
10 g Salz
Pfeffer, nach Belieben
1 TL Curry
4 Hähnchenbrustfilets, in Streifen
1 Banane, in Scheiben geschnitten
300 g Reis
1200 g Wasser
140 g Bacon
Erdnüsse, zum Bestreuen
Öl zum Braten und für die Form

1. Heize den Backofen auf 225°C Umluft vor.
2. Gib Sahne, Chiliketchup, 5 g Salz, Pfeffer und Curry in den Mixtopf und verrühre die Zutaten 30 Sekunden/ Stufe 3.
3. Wasche die Hähnchenbrustfilets, tupfe sie trocken und schneide sie in Streifen. Erhitze Öl in einer Pfanne und brate die Filetstreifen von allen Seiten kräftig an. Würze die Hähnchenstreifen mit 5 g Salz und Pfeffer.
4. Schäle die Banane und schneide sie in Scheiben. Verteile Sauce, Hähnchenstreifen und Bananenscheiben in einer gefetteten Auflaufform. Backe den Auflauf im vorgeheizten Ofen 20 Minuten/ 225°C Umluft.
5. In der Zwischenzeit kann der Reis gekocht werden. Dafür reinigst du den Mixtopf. Gib den Reis ins Garkörbchen und spüle ihn unter fließendem Wasser ab, bis das Wasser klar bleibt und nicht mehr trübe wird. Gieße das Wasser in den Mixtopf und hänge das Garkörbchen ein. Koche den Reis 10 Minuten/ 100°C/ Stufe 4.
6. Erhitze eine Pfanne ohne Öl und brate darin die Baconstreifen knusprig.
7. Serviere den fertigen Auflauf mit Reis und Bacon und streue noch Erdnüsse drüber.

Janssons Versuchung

Janssons frestelse

Zu Weihnachten wird in Schweden ein großes Buffet (Julbord) vorbereitet, was aus den unterschiedlichsten Leckereien besteht. Ein Klassiker des Julbords ist Janssons Versuchung. Dieser Auflauf ist aber nicht nur zu Weihnachten eine Versuchung wert …

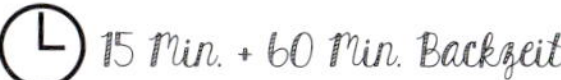

4 Portionen | leicht | 15 Min. + 60 Min. Backzeit

Zutaten

Utensilien:
Auflaufform

2 Zwiebeln, halbiert
20 g neutrales Öl
200 g Sahne
100 g Milch
700 g Kartoffeln, festkochend, geschält, in dünnen Scheiben
150 g Anchovis oder Appetitsild, z.B. von Lysell, aus der Dose oder Glas mit Flüssigkeit
1 EL Paniermehl
1 EL Butter
Thymian, frisch, zum Garnieren
Fett für die Form

1. Heize den Ofen auf 200°C Umluft vor.
2. Schäle und halbiere die Zwiebeln und gib sie in den Mixtopf. Zerkleinere sie im Mixtopf 5 Sekunden/ Stufe 5. Schiebe die Reste mit dem Spatel nach unten. Füge das Öl hinzu und dünste die Zwiebeln 2 Minuten/ Varoma/ Stufe 2 an. Fülle sie anschließend um.
3. Nun gibst du Sahne und Milch in den Mixtopf und erhitzt die Mischung 7 Minuten/ 90°C/ Stufe 1.
4. Schäle und wasche die Kartoffeln. Schneide sie in dünne Scheiben. Fette eine Auflaufform ein. Lass die Anchovis abtropfen und fange die Flüssigkeit auf.
5. Verteile die Hälfte der Kartoffelscheiben in der Auflaufform. Darauf verteilst du Anchovis und die gedünsteten Zwiebeln. Oben drüber schichtest du die andere Hälfte der Kartoffeln. Gieße die aufgefangene Anchoviflüssigkeit und die Sahnemischung aus dem Mixtopf über den Auflauf. Streue das Paniermehl drüber und verteile die Butter in kleinen Flöckchen auf dem Auflauf.
6. Backe den Auflauf im vorgeheizten Ofen 60 Minuten/ 200°C Umluft. Streue vor dem Servieren noch etwas Thymian über den Auflauf.

Schwedischer Weihnachtsschinken

Julskinka

Der schwedische „Weihnachtsschinken“ ist ein Klassiker auf dem weihnachtlichen Buffet „Julbord“, was es in Skandinavien traditionell am 24. Dezember gibt. In Skandinavien ist Weihnachten ein sehr fröhliches Fest, was mit viel Essen, Gesang und Tanz um den Weihnachtsbaum begangen wird.

Zutaten

Utensilien:
weiter Topf
Fleischthermometer
ofenfeste Form

1,5 kg gepökelter Schweineschinkenbraten mit Schwarte

Für die Senfkruste:
1 Ei, Größe M
2 EL Senf, mittelscharf
2 EL Dijonsenf
1 EL Zucker
2 EL Speisestärke
50 g Paniermehl
10 Nelken

1. Spüle den Schinken unter kaltem Wasser ab und tupfe ihn trocken. Schneide die Schwarte rautenförmig ein.
2. Gib den Schinken in einen weiten Topf und bedecke ihn vollständig mit Wasser. Lass das Wasser aufkochen und koche den Schinken dann bei schwacher Hitze ca. 1,5 Stunden. Nimm ein Fleischthermometer, um die Fleischtemperatur zu messen. Hat der Schinken eine Kerntemperatur von 70°C erreicht, ist der Schinken fertig.
3. Nimm den Schinkenbraten aus dem Topf und setze ihn in eine ofenfeste Form. Entferne die Schwarte. Heize den Ofen auf 200°C Umluft vor.
4. Für die Senfkruste gibst du Ei, beide Senfsorten und Zucker in den Mixtopf und vermischst die Zutaten 20 Sekunden/ Stufe 3. Streue die Speisestärke über den Schinken und bestreiche ihn dann mit der Ei-Mischung aus dem Mixtopf. Bestreue die Kruste mit dem Paniermehl. Spicke den Schinken mit den Nelken.
5. Gib den Schinkenbraten in den vorgeheizten Ofen und backe ihn 15 Minuten/ 200°C Umluft. Die Kruste soll eine goldgelbe Farbe bekommen.
6. Schneide den Schinkenbraten vor dem Servieren in dünne Scheiben.

Kroppkakor

Die schwedischen Kartoffelklöße sind vor allem in Småland, auf Öland und Gotland und in Blekinge ein beliebtes Gericht. Je nach Region und Familienrezept werden rohe, geriebene Kartoffeln und/ oder gekochte Kartoffeln verwendet. Auch die Füllung variiert.

Zutaten

Für die Kartoffelklöße:
500 g Kartoffeln, mehligkochend
500 g Wasser
2 ½ TL Salz
1 Ei, Größe M
100 g Weizenmehl, Type 405

Für die Füllung:
1 Zwiebel, halbiert
70 g Speckwürfel
1 Msp. Pfeffer, weiß

geschmolzene Butter, zum Servieren
Petersilie, gehackt, zum Servieren
Preiselbeermarmelade, zum Servieren

1. Für die Klöße kochst du zunächst die Kartoffeln mit Schale. Wasche die Kartoffeln gründlich und verteile sie im Garkörbchen. Gib Wasser und 1 TL Salz in den Mixtopf und hänge das Garkörbchen ein. Gare die Kartoffeln 25 Minuten/ Varoma/ Stufe 2.

2. Nach der Garzeit hängst du das Garkörbchen vorsichtig mit dem Spatel aus und leerst den Mixtopf. Lass die Kartoffeln etwas abkühlen. Pelle die abgekühlten Kartoffeln und gib sie in den Mixtopf. Zerkleinere die Kartoffen 30 Sekunden/ Stufe 4. Lass die Kartoffelmasse in einer separaten Schüssel weiter auskühlen und reinige den Mixtopf.

3. In der Zwischenzeit kannst du die Füllung zubereiten. Dafür schälst und halbierst du die Zwiebel und zerkleinerst sie im Mixtopf 5 Sekunden/ Stufe 5. Schiebe die Reste mit dem Spatel nach unten und gib die Speckwürfel und den Pfeffer hinzu. Dünste die Mischung 2 Minuten/ Varoma/ Linkslauf/ Stufe 1 an. Lass die Füllung ein wenig auskühlen.

4. Reinige den Mixtopf und gib die ausgekühlte Kartoffelmasse wieder hinein. Füge Ei, Mehl und ½ TL Salz hinzu und vermenge die Zutaten 1 Minute/ Teigknetstufe.

5. Forme den Kartoffelteig mit leicht bemehlten Händen zu einer Rolle und schneide sie in 6 Stücke. Drücke in jedes Stück eine Vertiefung und gib in die Vertiefung einen Teil der

Füllung. Lege die Kartoffelmasse um die Füllung und forme sie zu Klößen. Die Füllung muss ganz von der Kartoffelmasse umschlossen sein.

6. Koche in einem großen Kochtopf Wasser auf. Wenn das Wasser kocht, gibst du 1 TL Salz dazu. Reduziere die Hitze ein wenig. Gib die Klöße in den Topf und lass sie 15 Minuten darin ziehen.

7. Serviere die fertigen Klöße mit geschmolzener Butter, krauser Petersilie und Preiselbeermarmelade.

Schwedischer Krabbentoast

Toast Skagen

Dieses Gericht ist zwar nach einer dänischen Hafenstadt benannt, in Dänemark aber kaum bekannt. Es ist ein schwedischer Vorspeisenklassiker. Der Gastronom Tore Wretman hat es in den 50er Jahren kreiert. Bis heute eine beliebte Vorspeise für elegante Dinnerpartys.

 4 Portionen  leicht  20 Min.

Zutaten

500 g Shrimps
100 g Öl
1 Eigelb, Größe M
1 TL Senf, mittelscharf
1 TL Weißweinessig
½ TL Salz
½ Bund Dill + etwas für die Deko
Saft von 1 Zitrone + 4 Zitronenachtel
1 Msp. Cayennepfeffer
30 g Butter
4 Scheiben Toast
40 g Lachsrogen, nach Belieben

1. Säubere und pule die Shrimps. Stelle sie bis zu ihrer Verwendung kalt.
2. Für die Mayonnaise wiegst du das Öl auf dem Mixtopfdeckel ab und stellst es zur Seite.
3. Gib Eigelb, Senf, Essig und Salz in den Mixtopf und verrühre die Zutaten 5 Sekunden/ Stufe 5.
4. Stelle das Gerät auf Stufe 3 ein und lass das Öl langsam durch den geschlossenen Mixtopfdeckel in den Mixtopf laufen. Fülle die fertige Mayonnaise in eine Schüssel um.
5. Reinige den Mixtopf. Gib den Dill in den Mixtopf und zerkleinere ihn 10 Sekunden/ Stufe 6. Schiebe die Reste mit dem Spatel nach unten. Gib Zitronensaft, Pfeffer, Mayonnaise und Shrimps in den Mixtopf dazu und verrühre die Zutaten 30 Sekunden/ Linkslauf/ Sanftrührstufe.
6. Erhitze Butter in einer Pfanne und brate die Toastscheiben von beiden Seiten goldbraun an.
7. Gib auf jede Toastscheibe etwas von dem Shrimpssalat und dekoriere die Toastscheiben mit Rogen, ein wenig Dill und Zitronenachteln.

Heringssalat

Sildesalat

Heringssalat ist ein weiterer skandinavischer Klassiker, der sowohl zu Weihnachten als auch z.B. zu Midsommar nicht fehlen darf.

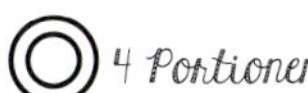

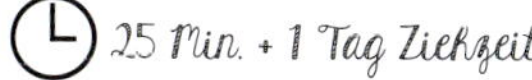

Zutaten

500 g Wasser
1 Prise Salz
2 Eier, Größe M
1 Zwiebel, halbiert
1 Apfel, entkernt, in groben Stücken
270 g Rote Beete, abgetropft, in groben Stücken
100 g Cornichons, in Scheiben
4 Matjesfilets, in Stücken
120 g Joghurt
120 g Crème fraîche
120 g Salatmayonnaise
Zucker, nach Belieben
Salz, nach Belieben

1. Gib Wasser und Salz in den Mixtopf. Hänge das Garkörbchen in den Mixtopf ein und lege die Eier hinein. Koche die Eier 15 Minuten/ Varoma/ Stufe 1. Nimm das Garkörbchen anschließend mithilfe des Spatels heraus, schrecke die Eier ab und lass sie abkühlen. Gieße das Wasser aus dem Mixtopf ab.

2. Schäle und halbiere die Zwiebel. Gib die Zwiebelhälften in den Mixtopf und zerkleinere sie 5 Sekunden/ Stufe 5. Schiebe die Reste mit dem Spatel nach unten.

3. Entkerne den Apfel und schneide ihn in grobe Stücke. Lass die Rote Beete abtropfen und schneide auch sie in grobe Stücke. Gib Apfel und Rote Beete in den Mixtopf dazu und zerkleinere die Zutaten 4 Sekunden/ Stufe 4. Schiebe die Reste mit dem Spatel nach unten.

4. Pelle die Eier und schneide sie in Würfel. Schneide die Cornichons in Scheiben. Schneide die Matjesfilets in Würfel. Gib Eier, Cornichons, Matjeswürfel, Joghurt, Crème fraîche, Salatmayonnaise, Zucker und Salz in den Mixtopf und vermenge die Zutaten 4 Sekunden/ Linkslauf/ Stufe 2.

5. Lass den Salat über Nacht im Kühlschrank gut durchziehen und serviere ihn am nächsten Tag.

Gebäck

Hygge – Ein Gefühl von Ruhe, Gemütlichkeit und Wohlbehagen, welches oft in Verbindung mit gutem Essen und Getränken und der Gesellschaft von geliebten Menschen gefunden werden kann.

Schwedische Erdbeertorte

Jordgubbstårta

Jedes Jahr im Juni, um die Sommersonnenwende (24. Juni), wird in Skandinavien Midsommar gefeiert! Zu Midsommar kommt die ganze Familie zusammen. Das Midsommar-Wochenende ist jedes Jahr der Startschuss in Skandinavien für die langen Sommerferien. Da der Sommer kurz ist und der Winter lang, wird diese Zeit besonders ausgekostet. Die Sommerferien gehen bis Mitte August. Diese Zeit verbringen die meisten Skandinavier auf dem Land in ihren Sommerhäusern. Zu Midsommar wird getanzt und es gibt ein reichhaltiges Buffet, auf dem diese klassische Erdbeertorte nicht fehlen darf. In Skandinavien feiert man den längsten Tag des Jahres – in vielen Regionen geht die Sonne gar nicht oder nur für ein paar Stunden unter.

Zutaten

Utensilien:
Springform, ø 24 cm

Für den Biskuitteig:
4 Eier, Größe M
180 g Zucker
60 g Weizenmehl, Type 405
60 g Kartoffelmehl
1 TL Backpulver

Für die Vanillecreme:
1 Eigelb, Größe M
650 g Sahne
1 Pck. Vanillezucker
1 EL Speisestärke mit etwas Wasser verrührt
2 TL Zucker

Weitere Zutaten:
700 g Erdbeeren, frisch, geputzt, in Scheiben
200 g Erdbeermarmelade

1. Heize den Backofen auf 175°C Umluft vor und fette die Springform ein.

2. Setze für den Biskuitteig den Schmetterling in den Mixtopf ein. Gib Eier und Zucker in den Mixtopf und schlage die Zutaten 6 Minuten/ 37°C/ Stufe 3 schaumig. Verrühre anschließend die Eier-Zuckermischung weitere 5 Minuten/ Stufe 3. Entferne den Schmetterling.

3. Vermische Mehl, Kartoffelmehl und Backpulver in einer separaten Schüssel und gib die Mischung dann in den Mixtopf dazu. Verrühre den Teig 10 Sekunden/ Stufe 4. Fülle den fertigen Teig in die vorbereitete Springform und reinige den Mixtopf. Backe den Teig im vorgeheizten Ofen 30 Minuten/ 175°C Umluft. Lass den Boden nach der Backzeit komplett auskühlen.

4. Für die Vanillecreme setzt du den Schmetterling wieder in den Mixtopf ein und gibst Eigelb, 150 g Sahne, Vanillezucker, Speisestärke und Zucker in den Mixtopf. Vermische die Zutaten 7 Minuten/ 100°C/ Stufe 3. Dabei sollte eine dickflüssige Masse entstehen. Fülle die Creme in eine separate Schüssel um und lass auch sie vollständig auskühlen.

5. Reinige den Mixtopf und setze wieder den Schmetterling ein. Schlage die restlichen 500 g Sahne unter Beobachtung

auf Stufe 3 steif. Hebe 100 g der aufgeschlagenen Sahne mit dem Spatel unter die ausgekühlte Vanillecreme.

6. Putze die Erdbeeren und schneide 500 g in Scheiben. Gib die Vanillecreme und 500 g Erdbeerscheiben in den Mixtopf und verrühre die Mischung 30 Sekunden/ Linkslauf/ Stufe 3.

7. Teile den Biskuitboden in 3 Teile. Bestreiche den ersten Boden mit 100 g Erdbeermarmelade und verteile die Hälfte der Vanillecreme darauf. Setze den zweiten Boden darauf und wiederhole den Schritt. Setze den dritten Boden oben auf und gib darauf die restlichen 400 g Sahne. Verstreiche die Sahne jetzt rundherum, damit sie den ganzen Kuchen bedeckt. Verziere den Kuchen mit den restlichen 200 g Erdbeeren.

8. Stelle den Kuchen für mindestens 1 Stunde in den Kühlschrank, dann kann er serviert werden.

mixtipp
Reiche zu den Lussekatter Glögg (s. S. 100) oder anderen Glühwein.

Schwedische Luciakatzen

Lussekatter

Lussekatter (Luciakatzen) sind ein traditionelles vorweihnachtliches Gebäck. Vor allem in Schweden, aber auch in Norwegen, Dänemark und Finnlandschweden wird am 13. Dezember der Luciatag gefeiert. An diesem Tag isst man die Lussekatter zum Frühstück. Man gedenkt der heiligen Lucia und feiert das Lichterfest. Der enthaltene Safran im Gebäck soll das Licht symbolisieren, was zu dieser Zeit selten ist in Skandinavien.

Zutaten

Utensilien:
2 Backbleche, -papier

25 g Frischhefe
250 g Milch, lauwarm
90 g Zucker
125 g Butter, weich
500 g Weizenmehl, Type 405 + für die Arbeitsfläche
2 Eier, Größe M
1 Msp. Salz
Safran, gemahlen, 0,1 g
40 Rosinen, nach Belieben

1. Gib zerbröselte Hefe, Milch und Zucker in den Mixtopf und löse die Hefe 2 Minuten/ 37°C/ Stufe 2 auf.
2. Füge Butter, Mehl, 1 Ei, Salz und Safran hinzu und vermische den Teig 5 Minuten/ Teigknetstufe. Fülle den Teig in eine separate Schüssel und lass ihn zugedeckt, an einem warmen Ort, 30 Minuten gehen. Sein Volumen sollte sich in der Zeit verdoppeln.
3. Nach der Ruhezeit knetest du den Teig noch einmal mit den Händen durch und teilst ihn dann auf einer bemehlten Arbeitsfläche in 20 Portionen. Rolle die Portionen jeweils mit bemehlten Händen zu einer langen Schlange. Diese formst du dann wie ein S und rollst die Enden wie eine Schnecke ein. Verteile die fertig geformten Lussekatter auf zwei mit Backpapier ausgelegten Backblechen.
4. Decke die Backbleche jeweils mit einem Küchentuch ab und lass die Lussekatter nochmals 1 Stunde ruhen. In der Zwischenzeit heizt du den Backofen auf 225°C Umluft vor.
5. Verquirle das zweite Ei in einer Schale. Bestreiche die Lussekatter nach der Ruhezeit mit dem verquirlten Ei und lege jeweils in die Mitte der eingerollten Enden nach Belieben eine Rosine.
6. Gib die Bleche in den Ofen und backe die Lussekatter 8 Minuten/ 225°C Umluft. Genieße sie am besten noch lauwarm. So schmecken sie am besten.

Schwedische Zimtschnecken

Kanelbullar

Ob Kanelbulle (S), Kanelsnegle (DK), Skillingsboller (NO) oder Korvapuusti (FI): In ganz Skandinavien ist die Zimtschnecke das beliebteste Gebäck überhaupt. Zur traditionellen „fika" – schwedischen Kaffeepause – darf sie einfach nicht fehlen. Hier kommt mein Rezept für die perfekten Zimtschnecken!

Zutaten

Utensilien:
2 Backbleche, -papier

Für den Teig:
25 g Frischhefe
300 g Milch, lauwarm
45 g Zucker
50 g Butter, weich
720 g Weizenmehl, Type 405 + für die Arbeitsfläche
1 Msp. Salz
1 TL Kardamom, gemahlen

Für die Füllung:
100 g Butter, weich, in Stücken
90 g Zucker
1 ½ EL Zimt

1 Ei, Größe M
Hagelzucker, nach Belieben

1. Löse zunächst die zerbröselte Hefe mit Milch und Zucker im Mixtopf 2 Minuten/ 37°C/ Stufe 2 auf. Füge nun Butter, Mehl, Salz und Kardamom hinzu und knete den Teig 5 Minuten/ Teigknetstufe.
2. Fülle den Teig in eine separate Schüssel um und lass ihn zugedeckt, an einem warmen Ort, 30 Minuten ruhen. Reinige den Mixtopf.
3. Für die Füllung gibst du 100 g Butter, Zucker und Zimt in den Mixtopf und verrührst die Zutaten 1 Minute/ Stufe 2 zu einer dickcremigen Masse.
4. Rolle den Teig nach der Ruhezeit auf einer bemehlten Arbeitsfläche zu einem Rechteck von ca. 22 x 27 cm aus. Bestreiche den Teig gleichmäßig mit der Füllung und rolle ihn anschließend von der langen Seite aus eng auf. Schneide den aufgerollten Teig in ca. 2 cm breite Stücke und lege die Schnecken mit der Schnittkante nach oben auf 2 mit Backpapier ausgelegte Backbleche.
5. Bedecke die Bleche jeweils mit einem Küchentuch und lass die Schnecken nochmals 30 Minuten ruhen. Heize den Backofen auf 250°C Umluft vor.
6. Verquirle ein Ei und bepinsele die Schnecken damit. Bestreue die Schnecken mit Hagelzucker. Gib die Backbleche in den Ofen und backe die Schnecken 8 Minuten/ 250°C Umluft.
7. Lass die Zimtschnecken nach der Backzeit ein wenig auskühlen und genieße sie am besten noch lauwarm.

mixtipp
Kröne das Dessert mit
geschlagener Sahne
und einem Klecks
Johannisbeermarmelade.

Ein dänisches Apfeldessert

Æblekage

Der dänische „Apfelkuchen“ ist ein Klassiker in Dänemark und verwirrt sofort. Eigentlich würde man einen klassischen Apfelkuchen erwarten, bekommt aber ein Schichtdessert! Die Schichten aus Krümelkeks und Apfelmus erinnern aber sehr stark an einen dekonstruierten Apfelkuchen! Der Aufwand ist um einiges reduziert und schmecken tut es himmlisch!

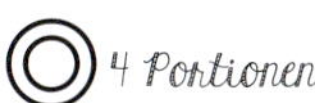 4 Portionen  leicht  20 Min.

Zutaten

Utensilien:
4 Gläser

1 kg Äpfel, z.B. Boskoop, entkernt, geviertelt
70 g Zitronensaft
160 g Rohrzucker, braun
1 TL Zimt
1 TL Vanillepaste
1 Prise Salz
50 g Apfelsaft
150 g Amarettini

1. Viertele die Äpfel und entkerne sie. Gib sie gemeinsam mit Zitronensaft, 60 g Rohrzucker, Zimt, Vanillepaste, Salz und Apfelsaft in den Mixtopf und köchele die Zutaten 14 Minuten/ 90°C/ Stufe 2.
2. Püriere die Zutaten 20 Sekunden/ Stufe 6 und lass den Brei 2 Minuten/ Varoma/ Stufe 1 aufkochen. Fülle den fertigen Brei in eine Schüssel um und lass ihn vollständig auskühlen.
3. Gib die Amarettini in den sauberen Mixtopf und zerkleinere sie 5 Sekunden/ Stufe 3. Nimm vier saubere Dessertgläser und gib in jedes Glas eine Schicht Amarettinibrösel. Schichte darauf den Apfelbrei und wieder Keksbrösel, bis das Glas gut gefüllt ist. Die letzte Schicht sind Brösel.

mixtipp
Serviere den Käsekuchen unbedingt noch warm. So ist er ein himmlischer Genuss. Abgekühlt schmeckt er einfach nicht mehr genauso gut.

Schwedischer Käsekuchen

Småländsk ostkaka

Am 14. November feiert man in Schweden den Tag des „ostkaka". Viele schwedische Regionen haben ihre eigenen Rezepte. Der Käsekuchen aus Småland ist eine der bekanntesten Varianten. Im Originalrezept verwendet man eigentlich Lab. Die Variante mit Hüttenkäse steht dem aber in nichts nach und ist außerdem sehr viel einfacher zubereitet.

 1 Kuchen  leicht 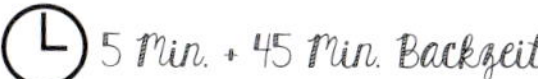 5 Min. + 45 Min. Backzeit

Zutaten

Utensilien:
Auflaufform

3 Eier, Größe M
40 g Zucker
30 g Weizenmehl
250 g Sahne
500 g Hüttenkäse
2 Tropfen Bittermandelaroma
100 g Mandelsplitter
frische Beeren, Marmelade und Puderzucker nach Belieben zum Servieren
Fett für die Form

1. Heize den Ofen auf 175°C Umluft vor.
2. Setze den Schmetterling in den Mixtopf ein und verrühre Eier und Zucker im Mixtopf 1 Minute/ Stufe 3. Entferne anschließend den Schmetterling.
3. Gib Mehl, Sahne, Hüttenkäse und Bittermandelaroma in den Mixtopf dazu und verrühre die Zutaten 2 Minuten/ Stufe 3. Hebe die Mandelsplitter mithilfe des Spatels unter die Käsemasse.
4. Fette die Auflaufform ein und verteile die Käsemasse gleichmäßig in der Form. Backe den Käsekuchen im Ofen 45 Minuten/ 175°C Umluft.
5. Nimm den fertigen Kuchen aus dem Ofen, schneide ihn in Streifen und serviere ihn noch warm mit frischen Beeren, Marmelade und Puderzucker.

mixtipp
Dazu passen frische Himbeeren und geschlagene Sahne!

Saftiger Schokoladenkuchen aus Schweden

Kladdkaka

Außen knusprig, innen unglaublich weich (kladdig). So muss Kladdkaka sein!

Zutaten

Utensilien:
1 Springform, ø 24 cm

100 g Butter, weich
2 Eier, Größe M
225 g Zucker
60 g Weizenmehl, Type 405
3 EL Backkakao
1 TL Vanilleextrakt
Puderzucker zum Bestäuben

1. Heize den Ofen auf 175°C Umluft vor und lege die Springform mit Backpapier aus.
2. Gib die Butter in den Mixtopf und lass sie 2 Minuten/ 60°C/ Stufe 2 schmelzen.
3. Setze den Schmetterling in den Mixtopf ein und füge Eier und Zucker hinzu. Verrühre die Zutaten 1 Minute/ Stufe 3.
4. Entferne den Schmetterling und gib Mehl, Backkakao und Vanilleextrakt in den Mixtopf. Verrühre die Mischung 2 Minuten/ Teigknetstufe. Fülle den Teig in die vorbereitete Springform und backe den Kuchen im vorgeheizten Ofen 15 Minuten/ 175°C Umluft. Nach der Backzeit rüttelst du ein wenig an der Form und wenn nur die Mitte des Kuchens wackelt, ist der Kuchen fertig.
5. Lass den Kladdkaka ein wenig auskühlen und bestäube ihn vor dem Servieren mit Puderzucker.

Schwedische Pfefferkuchen

Pepparkakor

In der Vorweihnachtszeit werden in Schweden hauptsächlich diese leckeren Pepparkakor (Pfefferkuchen) gebacken. Oft sticht man auch ein kleines Loch in die Kekse und hängt sie an den Weihnachtsbaum oder macht eine Keksgirlande.

Zutaten

Utensilien:
2 Backbleche, -papier
Frischhaltefolie
Keksausstecher
Spritzbeutel

100 g Butter, weich, in Stücken
50 g dunkler Zuckerrübensirup, z.B. von Grafschafter
120 g Zucker
½ TL Nelken, gemahlen
½ TL Ingwer, gemahlen
½ TL Zimt, gemahlen
1 Prise Salz
1 Ei, Größe M
250 g Weizenmehl, Type 405 + für die Arbeitsfläche
½ TL Natron

Für die Glasur:
1 Eiweiß, Größe M
200 g Puderzucker

1. Gib Butter, Sirup, Zucker, Nelken, Ingwer, Zimt und Salz in den Mixtopf und erhitze die Zutaten 3 Minuten/ 100°C/ Stufe 2.
2. Lass die Mischung im Mixtopf abkühlen.
3. Gib das Ei zu der abgekühlten Masse und verrühre die Zutaten 1 Minute/ Stufe 3.
4. Vermische Mehl und Natron in einer separaten Schüssel. Stelle das Gerät auf 3 Minuten/ Stufe 3 ein und gib nach und nach die Mehlmischung in den Mixtopf dazu.
5. Wickele den Teig in Frischhaltefolie und lass den Teig für einen Tag im Kühlschrank ruhen.
6. Heize am nächsten Tag den Backofen auf 180°C Ober-/ Unterhitze vor.
7. Rolle den Teig auf einer bemehlten Arbeitsfläche aus und steche den Teig mit deinen Lieblingskeksausstechern aus, ob Herzen, Sterne oder Elche, was du magst und zuhause hast.
8. Verteile die Kekse auf 2 mit Backpapier ausgelegten Bleche. Gib die Bleche nacheinander in den vorgeheizten Ofen und backe sie jeweils 8 Minuten/ 180°C Ober-/Unterhitze.
9. Lass die Kekse nach dem Backen vollständig auskühlen.
10. Für die Glasur reinigst du den Mixtopf. Er muss vollkommen fettfrei sein. Setze den Schmetterling in den Mixtopf ein. Gib Eiweiß und Puderzucker hinein und schlage die Mischung 2 Minuten/ Stufe 4 steif. Fülle die Masse in einen Spritzbeutel und verziere die Pfefferkuchen nach Belieben.

Norwegische Puddingteilchen

Skoleboller

Der Name Skoleboller heißt übersetzt ungefähr „Schulbrötchen“. In den 1950er Jahren wurde den norwegischen Kindern wohl dieses süße Gebäck als Dessert mit in die Schule gegeben. Heute ist es eines der beliebtesten Gebäcke in Norwegen und in jeder Bäckerei zuhause.

Zutaten

Utensilien:
2 Backbleche, -papier

Für den Teig:
25 g Frischhefe
300 g Milch, lauwarm
100 g Zucker
500 g Weizenmehl, Type 405
1 TL Kardamom
1 Ei, Größe M
70 g Butter, weich

Für die Vanillecreme:
500 g Milch
Mark von 1 Vanilleschote
3 Eigelb, Größe M
55 g Zucker
40 g Speisestärke mit etwas Wasser verrührt

Für die Glasur:
250 g Puderzucker
2 TL Milch
40 g Kokosraspel

1. Für den Teig gibst du zerbröselte Frischhefe, Milch und Zucker in den Mixtopf und löst die Hefe 2 Minuten/ 37°C/ Stufe 2 auf. Füge Mehl, Kardamom, Ei und Butter hinzu und verknete den Teig 5 Minuten/ Teigknetstufe. Fülle den Teig in eine separate Schüssel um und lass ihn an einem warmen Ort abgedeckt 45 Minuten ruhen.
2. In der Zwischenzeit kannst du die Vanillecreme zubereiten. Dafür gibst du Milch und das ausgekratzte Mark der Vanilleschote in den gereinigten Mixtopf und erhitzt die Mischung 5 Minuten/ 60°C/ Stufe 1. Fülle die Milch in eine separate Schüssel um.
3. Setze den Schmetterling in den Mixtopf ein und gib Eigelb und Zucker dazu. Rühre die Mischung 1 Minute/ Stufe 3 schaumig.
4. Stelle das Gerät auf 1 Minute/ Stufe 2 ein und gieße die Milch in einem dünnen Strahl durch die Deckelöffnung zur Ei-Masse dazu. Gib die verrührte Speisestärke dazu und verrühre die Creme weitere 5 Minuten/ 100°C/ Stufe 3.
5. Fülle den Pudding in eine separate Schüssel um und lass ihn abkühlen.
6. Teile den Teig nach der Ruhezeit in 12 Teile und forme diese zu runden Kugeln. Verteile die Kugeln auf zwei mit Backpapier ausgelegte Backbleche und lass die Teigkugeln zugedeckt weitere 30 Minuten ruhen.
7. Heize den Backofen auf 220°C Umluft vor.

8. Nach der Ruhezeit drückst du in die Mitte jeder Kugel eine Vertiefung und befüllst diese mit 1–2 EL der Vanillecreme. Backe die Skoleboller im vorgeheizten Ofen 12 Minuten/ 220°C Umluft.

9. Lass die fertigen Skoleboller auskühlen. Verrühre Puderzucker und Milch, bis du eine dickcremige Masse erhältst und bestreiche damit die Skoleboller. Bestreue die Glasur anschließend mit Kokosraspel. Genieße die fertigen Hefekugeln am besten noch am selben Tag.

mixtipp

Die Karelische Pirogge stammt aus dem finnischen Teil von Karelien und ist heute in ganz Finnland bekannt. Neben der Ei-Butter, belegen sich viele Finnen die Pirogge auch mit Wurst oder Käse.

Karelische Piroggen

Karjalanpiirakka

So wie man in Schweden einfach nicht an Zimtschnecken vorbeikommt, so kommt man in Finnland einfach nicht an diesen Piroggen vorbei. Man kann sie wirklich in jedem Supermarkt kaufen. Ich war natürlich auch neugierig und habe sie mir gekauft! Ohne zu wissen, wie man sie isst, ist man erstmal ein wenig enttäuscht. Nicht süß, sondern eher etwas herzhaft und nicht sehr geschmacksintensiv kommen sie daher! Wenn ihr sie aber mit Ei-Butter bestreicht, dann werden sie zu dem, was die Finnen lieben und schmecken richtig lecker! Es ist schon eine kleine Herausforderung, sie selbst zu machen, da sie aber so typisch für Finnland sind, wollte ich auf jeden Fall ein Rezept für die Piroggen in diesem Buch aufnehmen! Probiert es aus, es lohnt sich!

Zutaten

Utensilien:
2 Backbleche, -papier

Für den Milchreis:
250 g Milchreis
40 g Butter, weich
500 g Milch
1 TL Kardamom
1 Ei, Größe M
1 Prise Salz

Für die Ei-Butter:
500 g Wasser
1 Prise Salz
3 Eier, Größe M
100 g Butter, weich, in Stücken
½ TL Salz
1 TL Dill

Für den Teig:
100 g Weizenmehl, Type 405
200 g Roggenmehl
160 g Wasser
1 TL Salz

Restliche Zutaten:
100 g Milch
50 g Butter

Zubereitung Seite 72

Zubereitung *Karelische Piroggen*

1. Gib als Ersten den Milchreis mit der Butter in den Mixtopf und dünste den Reis 2 Minuten/ 100°C/ Stufe 2 an.

2. Füge Milch und Kardamom hinzu und koche den Milchreis 40 Minuten/ 90°C/ Stufe 1. Fülle den Milchreis in eine separate Schüssel um und lass ihn vollständig auskühlen.

3. In der Zwischenzeit kannst du für die Ei-Butter schonmal 3 Eier kochen. Reinige den Mixtopf und fülle Wasser und Salz hinein. Hänge das Garkörbchen in den Mixtopf ein und lege die Eier in das Garkörbchen. Koche die Eier 15 Minuten/ Varoma/ Stufe 1. Nimm das Garkörbchen anschließend mithilfe des Spatels heraus, schrecke die Eier ab und lass sie abkühlen. Gieße das Wasser aus dem Mixtopf ab.

4. Sobald der Milchreis ausgekühlt ist, mischst du das Ei und das Salz unter.

5. Für den Teig gibst du Mehl, Roggenmehl, Wasser und Salz in den Mixtopf und vermischst den Teig 5 Minuten/ Teigknetstufe. Der Teig sollte weich und geschmeidig sein. Nicht zu klebrig und auch nicht bröselig. Nach Bedarf mehr Mehl oder Wasser dazugeben.

6. Fülle den Teig in eine separate Schüssel um und lass ihn abgedeckt, an einem warmen Ort, 30 Minuten ruhen. Reinige den Mixtopf und heize den Backofen auf 250°C Ober-/Unterhitze vor.

7. Nach der Ruhezeit gibst du den Teig auf eine bemehlte Arbeitsfläche und formst ihn zu einer Schlange. Teile den Teig in 16 Teile. Rolle jede Teigportion kreisrund und dünn aus. Gib jeweils in die Mitte des ausgerollten Teiges 1 EL vom Milchreis. Klappe die Seiten links und rechts über den Milchreis. Kneife den Teig mit 2 Fingern rundherum zusammen, sodass die typische Form entsteht.

8. Verteile die Piroggen auf zwei Backbleche. Decke ein Blech mit einem Küchentuch ab und gib das andere in den vorgeheizten Backofen. Backe die Bleche nacheinander 15 Minuten/ 250°C Ober-/Unterhitze.

9. In der Zwischenzeit erhitzt du im Mixtopf Milch und Butter 5 Minuten/ 90°C/ Stufe 1. Bestreiche die fertigen, noch heißen Piroggen mit der Milch-Butter-Mischung. Reinige den Mixtopf.

10. Während die Piroggen abkühlen, kannst du die Ei-Butter herstellen. Pelle die Eier und gib sie mit Butter, Salz und Dill in den Mixtopf. Vermische die Zutaten 10 Sekunden/ Stufe 3.

11. Serviere die lauwarmen Piroggen mit der Ei-Butter.

mixtipp
Serviere die Tarte mit Vanilleeis, Vanillesauce oder Schlagsahne.

Finnische Blaubeertarte

Mustikkapiirakka

Ich liebe Blaubeeren. Sie sind für mich auch der Inbegriff vom skandinavischen Sommer! Überall in schwedischen und finnischen Wäldern findet man Blaubeersträuche und im Sommer ist das Sammeln von Blaubeeren einfach ein Muss. Die saftigen kleinen Blaubeeren sind im Übrigen kaum zu vergleichen mit denen, die man in unseren Supermärkten zu kaufen bekommt. Aber auch mit diesen Exemplaren lässt sich eine leckere Tarte backen! Ein klassisches Rezept aus Finnland! Ein Hochgenuss im Sommer!

Zutaten

Utensilien:
Tarteform, ø 28 cm

Für den Teig:
130 g Butter, kalt, in Stücken
200 g Weizenmehl, Type 405
1 Ei, Größe M
2 EL kaltes Wasser
1 TL Zimt
3 EL Puderzucker

Für die Füllung:
500 g Blaubeeren, frisch, verlesen
1 EL Speisestärke
2 EL Zucker
200 Saure Sahne
40 g braunen Zucker
2 Eier, Größe M

1. Für den Teig gibst du Butter, Mehl, Ei, Wasser, Zimt und Puderzucker in den Mixtopf und verrührst die Zutaten 1 Minute/ Stufe 3 zu einem Teig. Wickele den Teig in Frischhaltefolie und lass ihn 30 Minuten im Kühlschrank ruhen.
2. Reinige den Mixtopf. Fette eine Tarteform ein und heize den Backofen auf 200°C Umluft vor.
3. Wasche und verlese die Blaubeeren. Mische sie in einer separaten Schüssel mit Speisestärke und Zucker. Gib Saure Sahne, braunen Zucker und Eier in den Mixtopf und verrühre die Zutaten 30 Sekunden/ Stufe 4. Hebe die Blaubeeren mit dem Spatel unter die Saure-Sahne-Mischung.
4. Nach der Ruhezeit rollst du den Teig auf einer bemehlten Arbeitsfläche rund aus und kleidest die vorbereitete Tarteform mit dem Teig aus. Steche den Teig mehrmals mit der Gabel ein. Verteile auf dem Teig gleichmäßig die Blaubeerfüllung.
5. Gib die Tarte in den Ofen und backe sie 30 Minuten/ 200°C Umluft.

Gefüllte Hefebrötchen

Semlor

Semlor sind vor allem in Schweden und Finnland bekannt. Semlor werden jedes Jahr an Karnevalsdienstag (Fattisdagen, „fetter Dienstag") gegessen. Da die Schweden ihre Semlor so gerne essen, findet man sie aber mittlerweile in schwedischen Cafés von Weihnachten bis Ostern.

Zutaten

Utensilien:
2 Backbleche, -papier
Spritzbeutel

Für den Teig:
25 g Frischhefe
100 g Butter, weich, in Stücken
60 g Zucker
250 g Milch, lauwarm
2 Eier, Größe M
1 Pck. Vanillezucker
1 Msp. Salz
450 g Weizenmehl, Type 405 + für die Arbeitsfläche
1 TL Kardamom

Für die Füllung:
100 g Marzipanrohmasse
2 EL Milch

Für die Garnierung:
200 g Sahne, kalt
½ Päckchen Vanillezucker
Puderzucker zum Bestäuben

1. Als Erstes gibst du zerbröselte Hefe, Butter, Zucker und Milch in den Mixtopf und löst die Hefe 2 Minuten/ 37°C/ Stufe 2 auf.

2. Nun gibst du 1 Ei, Vanillezucker, Salz, Mehl und Kardamom hinzu und verrührst den Teig 5 Minuten/ Teigknetstufe. Fülle den Teig in eine separate Schüssel um und lass ihn abgedeckt, an einem warmen Ort, 30 Minuten ruhen. Dabei sollte er sein Volumen verdoppeln.

3. Knete den Teig nach der Ruhezeit auf einer bemehlten Arbeitsfläche noch mal kurz durch. Teile den Teig in 10 Stücke und forme die Stücke zu Kugeln. Lege die Kugeln auf 2 mit Backpapier ausgelegte Backbleche. Decke die Bleche jeweils mit einem Tuch ab und lass die Kugeln für weitere 30 Minuten ruhen.

4. Heize den Ofen auf 250°C Umluft vor.

5. Verquirle das zweite Ei in einer Schüssel und bestreiche damit die Teigkugeln. Gib die Backbleche in den Ofen und backe die Teigkugeln 10 Minuten/ 250°C Umluft.

6. Lass die fertigen Hefebrötchen vollständig auskühlen.

7. Schneide von jedem ausgekühlten Brötchen einen Deckel ab. Lege die abgeschnittenen Deckel zur Seite. Höhle die Brötchen mithilfe eines Löffels aus. Gib die ausgehöhlte Masse zusammen mit Marzipan und Milch in den Mixtopf. Verrühre die Zutaten 30 Sekunden/ Stufe 3.

8. Befülle nun jedes Brötchen mithilfe eines Teelöffels mit der Marzipanfüllung aus dem Mixtopf. Reinige den Mixtopf.

9. Setze den Schmetterling in den Mixtopf ein und gib die Sahne und Vanillezucker hinein. Schlage die Sahne ohne Zeiteinstellung unter Beobachtung auf Stufe 3 steif.

10. Fülle die Sahne in einen Spritzbeutel und spritze auf jedes Hefebrötchen eine Sahne-Garnierung. Platziere auf der Sahne die zur Seite gelegten Deckel und bestäube die fertigen Semlor mit Puderzucker. Nun kannst du sie direkt servieren.

mixtipp

Traditionell serviert man die Semlor in einem tiefen Teller mit Milch.

mixtipp
Für eine fruchtigere Variante kannst du neben der Himbeermarmelade auch noch 200 g frische Himbeeren auf den Böden verteilen.

Schwedische Prinzessinnentorte

Prinsesstårta

Ob Geburtstag, Hochzeit oder ein anderer festlicher Anlass: In Schweden gibt es zu all diesen Anlässen nur eine passende Torte und das ist die Prinsesstårta. Sie ist eine Erfindung der schwedischen Hauswirtschaftslehrerin Jenny Åkerström. Zu Beginn nannte sie sie einfach nur grüne Torte. In den 1930er Jahren tauchte das Rezept dann in Jenny Åkerströms Kochbuch „Prinsessornas kokbok" („Das Kochbuch der Prinzessinnen") auf. Sie widmete das Kochbuch drei ihrer Schülerinnen: Prinzessin Margaretha, Astrid und Märta von Dänemark. Die drei sollen die „grüne Torte" sehr gemocht haben und aus diesem Grund ist sie bis heute als Prinzessinnentorte in Schweden bekannt.

Zutaten

Utensilien:
Springform, ø 24 cm

Für den Biskuitteig:
4 Eier, Größe M
180 g Zucker
60 g Weizenmehl, Type 405
60 g Kartoffelmehl
1 TL Backpulver

Für die Vanillecreme:
100 g Milch
400 g Sahne
1 EL Zucker
1 TL Vanillezucker
2 Eigelb, Größe M
2 EL Speisestärke, mit etwas Wasser verrührt
4 Blatt Gelatine

Für die Füllung:
100 g Himbeermarmelade
300 g Sahne

Zum Garnieren:
400 g Marzipanrohmasse
100 g Puderzucker
grüne Lebensmittelfarbe
wahlweise Marzipanrosen

Zubereitung Seite 78

Zubereitung *Schwedische Prinzessinnentorte*

1. Heize den Backofen auf 175°C Umluft vor und fette die Springform ein.

2. Setze für den Biskuitteig den Schmetterling in den Mixtopf ein. Gib Eier und Zucker in den Mixtopf und schlage die Zutaten 6 Minuten/ 37°C/ Stufe 3 schaumig. Verrühre anschließend die Eier-Zuckermischung weitere 5 Minuten/ Stufe 3. Entferne den Schmetterling.

3. Vermische Mehl, Kartoffelmehl und Backpulver in einer separaten Schüssel und gib die Mischung dann in den Mixtopf dazu. Verrühre den Teig 10 Sekunden/ Stufe 4. Fülle den fertigen Teig in die vorbereitete Springform und reinige den Mixtopf. Backe den Teig im vorgeheizten Ofen 35 Minuten/ 175°C Umluft. Lass den Boden nach der Backzeit komplett auskühlen.

4. Für die Vanillecreme gibst du Milch, 100 g Sahne, Zucker, Vanillezucker, Eigelb und angerührte Speisestärke in den Mixtopf und verrührst die Zutaten 7 Minuten/ 100°C/ Stufe 3.

5. Weiche in der Zwischenzeit die Gelatineblätter nach Packungsanweisung in kaltem Wasser ein. Rühre die Vanillecreme weiter für 1 Minute/ Stufe 2 und gib dabei nach und nach die aufgeweichte und ausgedrückte Gelatine durch die Deckelöffnung hinzu.

6. Fülle die Creme in eine separate Schüssel um und lass sie auskühlen. Reinige den Mixtopf. Setze den Schmetterling in den Mixtopf ein und gib 300 g Sahne dazu. Schlage die Sahne unter Beobachtung ohne Zeiteinstellung auf Stufe 3 steif. Hebe die Sahne mithilfe des Spatels unter die ausgekühlte Vanillecreme.

7. Teile den ausgekühlten Boden in 3 Teile. Bestreiche den ersten Boden mit einem Teil der Himbeermarmelade und verteile darauf einen Teil der Vanillecreme. Setze den zweiten Boden auf und wiederhole den Vorgang. Setze dann den dritten Boden auf die Creme und verteile darauf wieder Himbeermarmelade und Vanillecreme. Gib in die Mitte mehr Vanillecreme als außen, damit eine Kuppel entsteht.

8. Vermische die Marzipanrohmasse mit Puderzucker und so viel grüner Lebensmittelfarbe, dass du einen grasgrünen Ton erhältst. Geh dabei vorsichtig vor und gib erstmal lieber wenig Farbe dazu.

9. Rolle das Marzipan rund aus, so dass du die ganze Torte damit eindecken kannst. Lege die Marzipandecke dann über die Torte. Überstehendes Marzipan kannst du mit einem Messer abschneiden. Bewahre die Torte bis zum Servieren im Kühlschrank auf.

10. Bestäube die Torte kurz vor dem Servieren mit Puderzucker und garniere sie wahlweise mit einer oder mehreren Marzipanrosen.

Schwedischer Möhrenkuchen

Morotskaka med topping

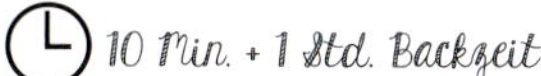

Zutaten

Utensilien:
Springform, ø 24 cm

Für den Teig:
300 g Möhren, geschält, in groben Stücken
3 Eier, Größe M
300 g Zucker
250 g Rapsöl
240 g Weizenmehl, Type 405
2 TL Backpulver
1 TL Zimt
½ TL Salz

Für das Topping:
200 g Doppelrahm-frischkäse
100 g Butter, weich, in Stücken
180 g Puderzucker
2 EL Zitronensaft
1 TL Vanillezucker
Krokant zum Verzieren

1. Heize den Backofen auf 175°C Ober-/Unterhitze vor und fette die Springform ein.

2. Schäle die Möhren und schneide sie in grobe Stücke. Gib die Möhrenstücke in den Mixtopf und zerkleinere sie 5 Sekunden/ Stufe 5. Fülle die zerkleinerten Möhren in eine separate Schüssel um.

3. Setze den Schmetterling in den Mixtopf ein und gib Eier und Zucker hinein. Rühre beide Zutaten 1 Minute/ Stufe 3 schaumig. Entferne den Schmetterling. Füge Öl, Mehl, Backpulver, Zimt, Salz und zerkleinerte Möhren hinzu und verrühre die Zutaten 1 Minute/ Stufe 4.

4. Gib den Teig in die vorbereitete Springform und backe den Kuchen im vorgeheizten Backofen 1 Stunde/ 175°C Ober-/Unterhitze. Mache am Ende der Garzeit eine Garprobe. Dazu steckst du einen Holzspieß in den Teig. Wenn kein Kuchen mehr am Holzspieß hängen bleibt, ist der Kuchen fertig. Bleibt noch Teig am Kuchen hängen, lass ihn noch ein paar Minuten weiter backen.

5. Nimm den Kuchen anschließend aus dem Ofen und lass ihn in der Form erkalten.

6. Reinige den Mixtopf. Nun kannst du das Topping zubereiten. Gib dafür Frischkäse, Butter, Puderzucker, Zitronensaft und Vanillezucker in den Mixtopf und verrühre die Creme 1 Minute/ Stufe 3.

7. Bestreiche den Kuchen mit der Creme und verziere ihn nach Belieben mit Krokant.

Süßes

Lagom är bäst. –
Lagom (= gesundes Mittelmaß)
ist am besten.

mixtipp
Mit der Zugabe von Gelierzucker bekommt die Preiselbeermarmelade eine feste Konsistenz. Ich mag das so sehr gerne. Wenn man die Marmelade etwas flüssiger haben möchte, kann man den Gelierzucker durch normalen Zucker ersetzen.

Preiselbeermarmelade

Lingonsylt

Ich kenne kaum ein schwedisches Gericht, zu dem man keine Preiselbeermarmelade essen kann. Egal ob Pfannkuchen oder Hackbällchen, in Schweden gehört Preiselbeermarmelade einfach immer dazu. Hier ein einfaches Rezept, wie man die Marmelade auch ganz leicht selbst herstellen kann.

 2 Gläser  leicht  15 Min.

Zutaten

Utensilien:
2 Schraubgläser à 250 ml, sterilisiert

500 g Preiselbeeren
100 g Wasser
250 g Gelierzucker 2:1

1. Wasche die Preiselbeeren und lass sie in einem Sieb oder im Garkörbchen abtropfen. Gib die gewaschenen Preiselbeeren in den Mixtopf. Gib Wasser und Gelierzucker hinzu und koche die Zutaten 12 Minuten/ 100°C/ Linkslauf/ Stufe 1.
2. Mache am Ende der Kochzeit eine Gelierprobe. Fülle die fertige Marmelade in die sauberen Gläser ab. Die Marmelade hält sich ungeöffnet bis zu einem Jahr.

Dänische Buttermilch-kaltschale mit Gebäck

Koldskål med kammerjunker

Koldskål ist das Sommeressen der Dänen! In Dänemark gibt es sie in jedem Supermarkt fertig abgepackt. Am liebsten essen die Dänen neben den Kammerjunker frische Erdbeeren dazu. Du kannst aber auch jedes andere Obst deiner Wahl dazureichen.

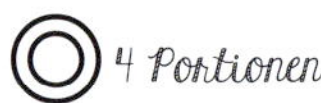

Zutaten

Utensilien:
Frischhaltefolie
Backblech, -papier

Für den Teig:
50 g Butter, weich
2 Eier, Größe M
130 g Zucker
1 Pck. Vanillezucker
300 g Weizenmehl
1 TL Backpulver
½ TL Kardamom
1 Msp. Salz

Für die Kaltschale:
2 Eigelb, Größe M
80 g Zucker
½ Päckchen Vanillezucker
500 g Buttermilch
500 g Naturjoghurt
Saft von einer Zitrone

1. Gib für den Teig zunächst die Butter in den Mixtopf und schmilz sie 3 Minuten/ 100°C/ Stufe 1. Fülle sie anschließend in eine separate Schüssel um und lass sie ein wenig abkühlen.
2. Setze den Schmetterling in den Mixtopf ein. Rühre Eier, Zucker und Vanillezucker im Mixtopf 4 Minuten/ Stufe 3 schaumig. Vermische Mehl, Backpulver, Kardamom und Salz in einer separaten Schüssel.
3. Entferne den Schmetterling. Füge Butter und die Mehlmischung in den Mixtopf hinzu und verrühre die Zutaten 1 Minute/ Stufe 4. Wickele den Teig in Frischhaltefolie ein und lass ihn im Kühlschrank 1 Stunde ruhen.
4. Heize den Backofen auf 175°C Umluft vor. Belege ein Backblech mit Backpapier. Teile den Teig in 3 Teile und forme die 3 Teile zu 3 langen Stangen. Lege diese auf das Blech und backe die Teigstangen 25 Minuten/ 175°C Umluft.
5. Nimm nach der Backzeit das Backblech heraus, lass die Teigstränge kurz abkühlen und schneide sie dann in Scheiben. Verteile die Scheiben wieder auf dem Blech und backe sie für weitere 15 Minuten/ 150°C Umluft. Lass die Kammerjunker anschließend auskühlen.

6. Nun kannst du die Kaltschale zubereiten. Reinige den Mixtopf und setze dafür den Schmetterling ein. Gib die Eigelbe mit Zucker und Vanillezucker in den Mixtopf. Rühre die Mischung 4 Minuten/ Stufe 3 schaumig. Füge nun Buttermilch, Joghurt und Zitronensaft hinzu und verrühre die Zutaten weitere 3 Minuten/ Stufe 3.

7. Stelle die Kaltschale für 1 Stunde im Kühlschrank kalt und genieße sie anschließend mit den selbstgebackenen Kammerjunker.

Rote Grütze mit Sahne

Rødgrød med fløde

Rote Grütze ist auch in Deutschlands Norden ein beliebter Sommernachtisch! Wer einmal in Dänemark war, wird wissen, dass es in Dänemark ein richtiger Klassiker ist. Nur die Aussprache ist eine echte Herausforderung. Das zahlreich vorhandene d in Rødgrød med fløde wird wie ein weiches l ausgesprochen, gar nicht so einfach.

4 Portionen

leicht

40 Min.

Zutaten

500 g frische gemischte Beeren oder TK, z.B. Himbeeren, rote Johannisbeeren oder Brombeeren
Mark von ½ Vanilleschote
100 g Wasser
200 g schwarzer Johannisbeersaft
50 g Zucker
30 g Speisestärke, mit etwas Wasser verrührt
200 g Sahne, gekühlt

1. Für die Grütze wäschst und putzt du zunächst die Beeren. Halbiere die Vanilleschote und kratze das Mark heraus. Gib Wasser, Johannisbeersaft, Zucker und Vanillemark in den Mixtopf und koche die Zutaten 10 Minuten/ 100°C/ Stufe 1 auf.
2. Gib die verrührte Speisestärke mit in den Mixtopf. Koche die Mischung weitere 5 Minuten/ 100°C/ Stufe 1.
3. Füge nun die Beeren in den Mixtopf dazu und koche die Grütze 5 Minuten/ 100°C/ Linkslauf/ Stufe 1. Fülle die Grütze anschließend in eine separate Schale um und lass sie abkühlen.
4. Reinige den Mixtopf und lass auch den Mixtopf abkühlen. Bevor du die Grütze servierst, wird noch die Sahne halb steif geschlagen. Dafür setzt du den Schmetterling in den kalten Mixtopf ein und schlägst die Sahne unter Beobachtung auf Stufe 3 halb steif. Die Sahne darf ruhig noch etwas flüssig sein. Serviere die abgekühlte Grütze jeweils mit einem ordentlichen Klecks Sahne.

mixtipp

Der Brei wird in Finnland oft mit Preiselbeeren gemacht. Ihr könnt aber wirklich jede Beere eurer Wahl verwenden. Ich mag die Variante mit Himbeeren am liebsten.

Finnischer Beerenschaum

Vispipuuro

Vispipuuro („aufgeschlagener Brei“) ist eine Entdeckung, in die ich mich sofort verliebt habe! Ich bin generell schon ein großer Fan von Porridge, aber dieser Brei schlägt das klassische Porridge um Längen. Wenn man den Brei zunächst kocht, denkt man, okay, sehr fester Grießbrei! Das Geheimnis liegt darin, dass der Brei eine Weile quellen darf und dann luftig aufgeschlagen wird. Die Konsistenz, die der Brei dann erhält, ist einfach kaum beschreibbar! Luftig und leicht und wunderbar cremig zugleich!

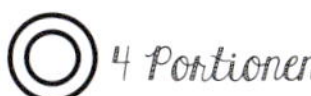
4 Portionen

leicht

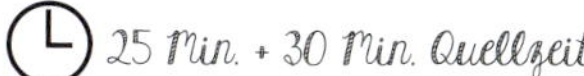
25 Min. + 30 Min. Quellzeit

Zutaten

250 g frische Himbeeren
50 g Zucker
500 g Wasser
75 g Weichweizengrieß
Topping nach Wahl

1. Wasche und verlese die Himbeeren. Gib die Himbeeren gemeinsam mit Zucker und Wasser in den Mixtopf und erhitze die Mischung 6 Minuten/ 90°C/ Stufe 1.
2. Gieße die Fruchtmischung durch das Garkörbchen ab und fange dabei die Flüssigkeit auf. Gib die aufgefangene Flüssigkeit wieder in den Mixtopf und lass sie für weitere 10 Minuten/ 100°C/ Stufe 2 köcheln. Lass dabei durch die Deckelöffnung den Weichweizengrieß einrieseln.
3. Lass die Mischung 30 Minuten im Mixtopf quellen. Setze den Schmetterling im Mixtopf ein und rühre die Zutaten 3 Minuten/ Stufe 3 schaumig. Genieße den fertigen Himbeerschaum mit frischen Himbeeren oder einem anderen Topping nach Wahl.

mixtipp
Die Schweden wälzen die Chokladbollar nicht nur in Kokosflocken. Du kannst dafür auch Schokostreusel oder Zuckerperlen verwenden. Bunte Zuckerperlen sehen besonders hübsch aus.

Schwedisches Schokoladenkonfekt

Chokladbollar

Die schwedische fika, „Kaffeepause", wird von den Schweden tagtäglich zelebriert. Auch Geschäftstreffen finden oft im Rahmen einer fika statt. Zu diesen Kaffeepausen haben die Schweden über die Jahre lauter kleine Köstlichkeiten kreiert, die den Moment versüßen. Neben den Zimtschnecken sind Chokladbollar das beliebteste und bekannteste Fika-Konfekt in Schweden. Sie sind superschnell hergestellt und zergehen im Mund!

Zutaten

90 g Haferflocken, kernig
100 g Zucker
1 TL Vanillezucker
3 EL Backkakao
100 g Butter, weich, in Stücken
2 EL aufgebrühter Kaffee, kalt
Kokosflocken zum Wälzen

1. Gib Haferflocken, Zucker, Vanillezucker und Backkakao in den Mixtopf und vermische die Zutaten 20 Sekunden/ Stufe 3. Füge die Butter hinzu und rühre sie 1 Minute/ Stufe 3 unter.
2. Nun gibst du den Kaffee zu der Masse hinzu und rührst ihn wiederum 1 Minute/ Stufe 3 unter.
3. Entnehme vom fertigen Teig mithilfe eines Teelöffels kleine Portionen und forme sie zu Kugeln. Gib die Kokosflocken in einen tiefen Teller und wälze die Schokokugeln darin.
4. Stelle die fertigen Chokladbollar für mindestens 1 Stunde in den Kühlschrank, bevor du sie servierst.

Norwegische Preiselbeermousse

Trollkrem

Die Trollkrem ist ein beliebtes Dessert aus Norwegen, das häufig zu Sylvester serviert wird. Es ist unglaublich luftig und cremig zugleich und nicht sehr süß. Deshalb ist es oft bei Kindern nicht so beliebt. Da hier rohes Eiweiß verwendet wird, ist es wichtig, dass ihr frische Eier nehmt. Am besten vom Bauern eures Vertrauens.

 4 Portionen  leicht  5 Min.

Zutaten

1 Eiweiß, Größe M
280 g Preiselbeermarmelade (z.B. selbst gemacht, s. S. 87)
1 TL Vanillezucker

1. Setze den Schmetterling in den Mixtopf ein. Gib Eiweiß, Preiselbeermarmelade und Vanillezucker in den Mixtopf und schlage die Zutaten 4 Minuten/ Stufe 4 steif.
2. Fülle die fertige Trollkrem in 4 Dessertschalen und serviere sie sofort.

Milchreis

Risgrynsgröt

In ganz Skandinavien ist ein Weihnachtsbrauch bekannt: Am 24. Dezember läuten die Skandinavier Weihnachten mit einem Milchreisfrühstück ein. Für den perfekten Milchreis hat sicher jede Familie ihr eigenes Rezept. Die Dänen rühren z.B. sehr gerne noch Sahne unter den abgekühlten Milchreis und es wird auch oft kalte Milch zum Milchreis dazugereicht.
Es ist Brauch, dass in einer Schüssel Milchreis eine Mandel versteckt wird. Derjenige, der die Mandel in seiner Schüssel findet, wird im nächsten Jahr vom Glück verfolgt werden und vielleicht sogar heiraten.

Zutaten

600 g Milch
50 g Zucker
1 Päckchen Vanillezucker
1 Prise Salz
120 g Milchreis
Zimtzucker zum Bestäuben
Beerenkompott, nach Belieben

1. Gib Milch, Zucker, Vanillezucker, Salz und Milchreis in den Mixtopf. Erhitze die Zutaten 35 Minuten/ 90°C/ Linkslauf/ Stufe 1.
2. Lass die Masse nach der Zeit noch 10 Minuten im Mixtopf quellen und verrühre den Milchreis dann nochmal 30 Sekunden/ Linkslauf/ Stufe 2.
3. Verteile den Milchreis auf 4 Schälchen oder Gläser und serviere ihn mit kalter Milch, Zimtzucker und/ oder Beerenkompott.

Glögg

Wenn am 13. Dezember der Luciatag in Skandinavien gefeiert wird, wird zu den Lussekatter traditionell Glögg (skandinavischer Glühwein) serviert. Zum Glögg werden Rosinen und Mandeln gereicht, die man sich über den Glögg streut.

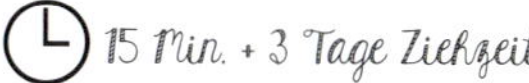

Zutaten

Utensilien:
1 verschließbares Glas oder 1 Flasche à 250 ml

1 Zimtstange
3 cm Ingwer
Abrieb von ½ Bitterorange
5 Stück Nelken
2 TL Kardamomkapseln
100 g Aquavit oder Wodka
300 g Zucker
1 Flasche trockener Rotwein à 0,75 l
Geschälte Mandeln und Rosinen zum Servieren

1. Gib Zimtstange, Ingwer, Bitterorangenabrieb, Nelken und Kardamomkapseln in ein Gefäß und gieße den Aquavit darüber. Verschließe das Gefäß und lass die Mischung 3 Tage ziehen. Schüttele das Gefäß immer mal wieder durch.
2. Gieße den durchgezogenen Aquavit durch das Garkörbchen in den Mixtopf. Gib Zucker und Rotwein dazu und hänge das Garkörbchen mit den Gewürzen ein. Erwärme die Mischung 10 Minuten/ 80 °C/ Stufe 1.
3. Verteile den fertigen Glögg in Gläser. Serviere ihn und reiche Rosinen und Mandeln dazu.

Brot

Krümel sind auch Brot.
- schwedisches Sprichwort

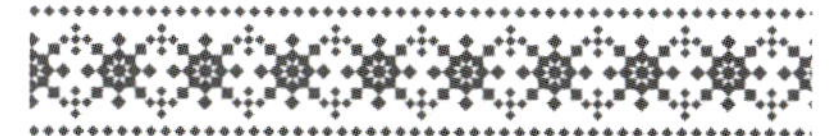

Knäckebröd

Wenn Schweden gefragt werden, was sie am meisten im Ausland vermissen, dann ist es meistens das Knäckebrot. Die Schweden sind weltweit anführend, was den Konsum von Knäckebrot betrifft. Wohl schon um 500 n. Chr. wurde Knäckebrot in Schweden gebacken. Es ließ sich gut in Mengen backen und hielt sich über den langen Winter. Traditionell ist das schwedische Knäckebrot rund und hat in der Mitte ein Loch. Die fertigen Brote wurden auf einen Stab gefädelt und aufgehängt, so war das Brot auch vor Ratten geschützt. Noch heute kann man das runde Knäckebrot in Schweden kaufen, mittlerweile gibt es aber auch die bei uns bekannten Formen zu kaufen.

Zutaten

Utensilien:
Backblech, -papier
Pizzaschneider, optional

120 g Weizenmehl, Type 550
150 g Samen und Saaten deiner Wahl: z.B. 50 g Sesam, 75 g Sonnenblumenkerne, 25 g Leinsamen
½ TL Salz
350 g Wasser
2 EL Olivenöl

1. Heize den Backofen auf 170°C Umluft vor und lege ein Backblech mit Backpapier aus.

2. Gib Mehl, alle Samen und Saaten und Salz in den Mixtopf und vermische die Zutaten 10 Sekunden/ Linkslauf/ Stufe 3. Füge Wasser und Olivenöl hinzu und vermenge die Zutaten nochmals 20 Sekunden/ Linkslauf/ Stufe 3.

3. Verteile die Masse auf dem vorbereiteten Backblech gleichmäßig. Gib das Blech in den Ofen und backe das Knäckebrot zunächst 25 Minuten/ 170°C Umluft. Nimm nach 25 Minuten das Blech vorsichtig aus dem Ofen und schneide das Knäckebrot mithilfe eines Pizzaschneiders in gewünschte Portionsstücke. Nach der gesamten Backzeit wäre das Brot zu hart, um es zu schneiden.

4. Gib das Blech wieder in den Ofen und backe das Knäckebrot weitere 30 Minuten fertig. Lass das fertige Knäckebrot auskühlen. Damit es knusprig bleibt, bewahre das Knäckebrot in luftdicht verschlossenen Dosen auf.

mixtipp
Wenn du kein fertiges Roggenschrot im Supermarkt findest, kannst du auch ganze Roggenkörner nehmen und sie 10 Sekunden/ Stufe 10 im Mixtopf zu Schrot verarbeiten.

Schwedische Fladenbrote

Brödkakor

In Skandinavien gibt es ein sehr bekanntes Fladenbrot. Von der Firma Polarbröd gibt es diese Fladenbrote in jedem Supermarkt zu kaufen. Sie sind leicht süßlich, was für Skandinavien sehr typisch ist. In diesem Rezept zeige ich euch, wir ihr diese Fladenbrote ganz einfach selbst zuhause nachbacken könnt. Die Brote lassen sich auch super einfrieren und können nach Bedarf aufgetaut werden.

Zutaten

Utensilien:
2 Backbleche, -papier

25 g Frischhefe
250 g Milch, lauwarm
40 g Butter, weich, in Stücken
1 TL Salz
10 g heller Sirup, z.B. von Grafschafter
30 g Roggenschrot
400 g Weizenmehl, Type 505

1. Gib die zerbröselte Hefe mit Milch in den Mixtopf und löse sie 2 Minuten/ 37°C/ Stufe 2 auf.
2. Füge Butter, Salz, Sirup, Roggenschrot und Mehl in den Mixtopf hinzu und knete den Teig 5 Minuten/ Teigknetstufe. Nimm den Teig aus dem Mixtopf und lass ihn zugedeckt, an einem warmen Ort, 30 Minuten ruhen.
3. Teile den Teig in 4 Portionen und rolle jede Portion zu einem Kreis von ca. 18 cm Durchmesser aus. Steche die Teigkreise mehrmals mit einer Gabel ein und gebe sie auf 2 mit Backpapier ausgelegte Backbleche. Bedecke die Bleche jeweils mit einem Küchentuch und lass die Teigkreise weitere 30 Minuten ruhen.
4. Heize den Backofen auf 250°C Ober-/Unterhitze vor.
5. Gib die Bleche nach der Ruhezeit nacheinander in den vorgeheizten Ofen und backe die Brote 10 Minuten fertig.

Dänisches Weißbrot

Franskbrød

Beim Ausflug in die Welt des Brotes darf dieser Klassiker, der jedem Dänemarkurlauber bekannt ist, natürlich nicht fehlen. Franskbrød (übersetzt: französisches Brot) ist ein einfaches Hefe-Weißbrot, was gerne zum Frühstück mit Marmelade gegessen wird. Da es aber sehr neutral schmeckt, kann es genauso gut herzhaft belegt werden.

Zutaten

Utensilien:
1 Kastenform

250 g Milch, lauwarm + Milch zum Bepinseln des Brotes
15 g Frischhefe
20 g Butter, weich + für die Form
1 EL Zucker
1 TL Salz
400 g Weizenmehl, Type 405

1. Gib die Milch mit der zerbröselten Hefe, 20 g Butter und Zucker in den Mixtopf und löse die Hefe 2 Minuten/ 37°C/ Stufe 2 auf.
2. Gib Salz und Mehl in den Mixtopf dazu und verknete den Teig 5 Minuten/ Teigknetstufe.
3. Fülle den Teig in eine Schüssel um und lass ihn abgedeckt, an einem warmen Ort, 30 Minuten ruhen.
4. Fette die Kastenform ein und gib den Teig in die Form. Lass den Teig in der Form nochmals 30 Minuten ruhen. Heize den Ofen auf 170°C Umluft vor.
5. Pinsele den geruhten Teig mit etwas Milch ein und backe das Brot im Ofen 30 Minuten/ 170°C Umluft. Lass das Brot nach der Backzeit auskühlen.

Skandinavien – die meisten denken sofort an Seen, Wälder, rote Holzhäuser und Pippi Langstrumpf. Wenn ich an Skandinavien denke, dann denke ich vor allem an Zimtschnecken, Kardamom und Safran und leckeren Fisch! Skandinavien hat, wie viele vielleicht nicht wissen, kulinarisch unglaublich viel zu bieten. Ich habe ein halbes Jahr in Finnland gelebt und viele Sommer in Schweden oder Dänemark verbracht, dabei habe ich mich in die skandinavische Küche verliebt! Zuhause wollte ich all die Erinnerungen umsetzen und begeistere damit immer wieder Freunde und Familie!

Durch meine Arbeit als Team-mixtipp-Mitglied bin ich seit 4 Jahren auch vertraut mit dem Thermomix®. Da der mixtipp-Reihe noch ein Buch zur skandinavischen Küche fehlte und ich Skandinavien liebe, entstand die Idee zu diesem Buch! Mir hat es sehr viel Freude bereitet, mir bekannte und unbekannte skandinavische Rezepte im Thermomix® nachzukochen und für euch meine Interpretation des Rezeptes für den Thermomix® festzuhalten.
Wenn ihr noch weitere Rezepte von mir kennenlernen und immer auf dem Laufenden bleiben wollt, schaut mal auf meinem Blog vorbei:
mixtippblog.de

Ich wünsche euch viel Spaß beim Entdecken meiner skandinavischen Welt!

Weitere Titel dieser Reihe

Amelie von Kruedener

mixtipp: Französische Küche

Kochen mit dem Thermomix®

112 Seiten, Format: 19 x 23 cm, Flexocover,
durchgehend farbig bebildert,
ISBN: 978-3-96058-282-3, **14,99 €**

Bereits erschienen

Begib dich mit uns auf eine kulinarische Reise nach Frankreich! Unsere Autorin Amelie von Kruedener führt uns mit ihren Rezepten vor Augen, warum die französische Küche für ihre Vielseitigkeit weltberühmt geworden ist. Gutes Essen und die französische Lebensart sind untrennbar miteinander verbunden. Für neue und traditionelle französische Leckereien hat Amelie von Kruedener großartige Varianten für den Thermomix® gefunden.
Vive la France!

Sylvia Lühert

mixtipp: Muffins & Cupcakes

Kochen mit dem Thermomix®

112 Seiten, Format: 19 x 23 cm, Flexocover,
durchgehend farbig bebildert,
ISBN: 978-3-96058-319-6, **14,99 €**

Bereits erschienen

Ob Kaffeeklatsch, Kindergeburtstag oder Bürofeier – Muffins und Cupcakes sind leckere, kleine Versuchungen, die jedes fröhliche Beisammensein zu etwas Besonderem machen. Sie sind ideal als kleiner Snack zum Mitnehmen, aufsehenerregend als Geschenk oder auch mal ein perfektes Frühstück. Egal ob aufwendig dekoriert oder schlicht köstlich, die locker-leichten, saftigen Kuchen sind immer ein Genuss. Probiere dich durch die über 40 leckere Rezepte unserer Autorin Sylvia Lühert und staune über die Vielseitigkeit der kleinen Köstlichkeiten. Sie sind mit deinem TM31® oder TM5® so einfach und schnell zubereitet, dass du nicht genug bekommen wirst. Versprochen!